신성종 목사 저

핵심스마트설교

핵심스마트설교 4

값진 진주를 얻으려면

신성종 저

도서출판 한글

당신은 왜 사는가?

신성종 목사(크리스천 문학나무 편집인)

　우리가 살다 보면 왜 사는지 종종 잊을 때가 있다. 그래서 가끔은 자신에게 나는 왜 사는가 하고 물어볼 필요가 있는 것이다. 사실 산다는 것은 생각처럼 간단하지 않다. 많은 일들이 연결되기 때문에 마침내는 삶의 목적과 목표를 혼동할 수가 있다. 그래서 많은 사람들이 불행해지고 인생에 실패를 한다. 나는 아침에 일어나면 오늘은 무엇을 해야 할 것인가 하고 그날의 계획을 세워 본다. 가장 좋은 방법은 묵상기도를 통해 자신의 모습을 살펴보면서 나를 향한 하나님의 뜻을 찾으면서 목표를 세우는 것이다.

　여기서 중요한 것은 인생의 목적과 목표는 다르다는 점을 분별하는 일이다. 목적은 내 인생의 궁극적 이유를 말하는 것이고, 목표란 그 목적을 이루기 위한 구체적인 수단과 방법을 말하는 것이다. 목적은 추상적인 것이 일반적이지만 목표는 구체적인 것이 특징이다. 그러나 많은 사람들은 이 목적과 목표를 혼동한다. 그래서 돈 버는 일에 일생을 다 허비하고 사업을 한다고 허비를 한다. 그러다가 늙고 죽을 때가 되어서야 내가 살아온 목적이 잘못된 것을 발견하고 후회를 하지만 그때는 이미 늦는다. 필자는 대학에 들어간 후에는 등록금을 벌기 위해서 가정교사를 하기도 하고 미국에 가서는 방학 때 농장에 가서 노동을 하기도 했다. 정원에 가서 풀을 깎기도 하고, 식당에 가서 접시 닦는 일을 하기도 했다. 그러나 등록금을 번 후에는 다시 공부하는데 전념했다. 박사 학위를 받은 후에는 가르치고 책을 쓰기 위해서 공부를 지금도 계속하고 있지만 다행히도 목적과 목표를 혼동하지는 않았다. 그러나 방황이 전혀 없었다고 하면 그것은 거짓이다. 그래서 노년이 되어 자신을 살펴보면 남들처럼 벌어놓은 재물은 없지만 한 번도 굶은 적은 없었다. 빈손으로 왔다가 빈손으로 가는 인생이니 후회는 없다. 그러다 보니 그동안 4만여 권의 책을 읽었고 백사십 권이 넘는 책을 썼다.

　나의 인생의 목적은 나의 설교와 강의와 글을 통해 하나님의 영광을 드러내려고 최선을 다한 것이다. 내가 살아온 것이 성공인지 실패인지는 후세가 평가하겠지만 확실한 것은 곁눈질하지 않고 열심히 외길로 살아왔다고 생각한다.

　나는 목표를 시간적 순서에 따라 정한다. 어떻게 보면 좀 따분한 삶이기는 하지만 그러나 후회는 없다. 지금까지 살아온 대로 다시 살라고 하면 그렇게 열심히 살 것 같지는 않다. 하나님께 영광이란 목적을 위해 때로는 목회를 했고, 때로는 학교에서 강의를 했고, 선교를 하기도 하였다. 나의 잡념을 정리하기 위해 시를 쓰다가 시인으로 등단하기도 했다.

　사랑하는 형제자매들이여, 당신들의 삶의 목적은 무엇이며 그것을 이루기 위해서 어떤 목표를 세우고 있는가? 과연 당신의 목표가 목적과 상충되지는 않는가? 우리들의 삶의 목적은 하나님이 기뻐하시는 것인가? 목표는 당신의 목적과 직접 연결이 되고 있는가? 혹시나 방황하고 있지는 않는가? 인간이 산다는 것은 간단하지 않기 때문에 방황할 때도 없지 않지만 그러나 그것이 하나님께서 기뻐하시는 것인가를 자신에게 자주 물어보아야 한다.

　그때 필요한 것이 묵상기도이다. 많은 사람들은 예배 때만 묵상기도하는 것으로 알고 있지만 아침마다 일어나서 매일 매순간 점검해 보지 않으면 허송세월을 할 수 있음을 잊지 말자.

　이번에 심혁창 장로님의 도움으로 그동안 내가 설교했던 내용들을 모아 수십 권의 책들을 출판하게 된 것을 주님께 감사한다. 별로 잘 쓴 글들은 아니지만 많은 후배 목사들에게 자신의 설교와 비교해 보고 또 요약해서 자신이 살을 붙이면 좋은 자신의 설교가 되리라 믿고 감히 나의 치부들을 내놓는다. 일반 성도들은 가족들과 함께 큰소리로 읽어보면 큰 은혜가 될 것이다.

작은 종 신성종 드림.

‖ 목 차 ‖

응답 받는 기도

(행1:12-14)

1. 기도는 무엇이며 왜 우리는 기도하는가?

기도는 영적 호흡입니다. 우리가 살아 있는지 죽었는지를 알려면 가장 쉬운 방법은 코에 손을 대어보고 호흡이 있는지 없는지를 보면 알수 있습니다.

이것은 영적 세계에서도 마찬가지입니다. 영적인 호흡인 기도를 하면 그 사람은 영적으로 살아 있는 사람입니다. 기도가 없으면 식물인간처럼 살아 있지만 실제는 죽은 것과 마찬가지입니다.

성경을 보면 위대한 모든 사람들은 다 기도하는 사람이었음을 알 수 있습니다. 야곱이 천사와 씨름하면서 기도할 때에 에서의 마음이 녹아졌고, 모세가 하나님께 부르짖을 때에 홍해 바다가 갈라졌고, 여호수아가 기도할 때에 아간의 죄는 심판을 받았고, 한나가 기도할 때에 사무엘이란 아들을 얻었고, 다윗이 기도할 때에 아히도벨은 스스로 목매어 죽었습니다.

히스기야가 기도할 때에 앗수르 군은 전멸하였습니다. 다니엘이 기도할 때에 사나운 사자가 입을 다물었고, 엘리야가 기도할 때에 3년 6개월 만에 큰비가 내렸습니다. 참으로 하나님은 기도하는 자에게 응답하시고 주시는 분이십니다.

왜 우리는 기도합니까?

(1) 아이가 우는 것은 무엇인가 욕구가 있기 때문입니다.

아기는 자고 싶을 때 웁니다. 기저귀를 갈아야 될 때도 웁니다. 배가 고파도 웁니다. 안아 달라고 할 때 역시 웁니다. 아이가 우는 것은 무슨 요구가 있기 때문입니다.

우리가 우는 것도 아이처럼 우리에게 필요한 무엇이 있기 때문입니다. 하나님께 간절한 소원이 있기 때문입니다.

사실 우리에게는 먼저 육신에 관한 것들이 필요합니다. 그래서 주님이 가르쳐 주신 기도에도 "날마다 일용할 양식을 주옵시고"라는 말씀이 나옵니다. 우리는 날마다 필요한 수많은 도움이 있습니다. 그러나 더욱 중요한 것은 인간은 영적인 존재이기에 수많은 영적인 욕구가 있습니다. 죄의 용서함이나 사탄과의 싸움에서 필요한 것들이 많습니다. 이런 것들이 우리의 기도 제목입니다.

(2) 하나님과의 교제를 위해서입니다.

기도는 꼭 무엇을 달라고만 하는 것은 아닙니다. 부부간의 대화는 대화 자체만으로도 중요한 의미를 가지고 있습니다. 대화는 바로 사랑의 표현이기 때문입니다.

그러나 사랑이 식은 부부는 서로 말이 없습니다. 중요한 것은 대화가 바로 사랑이란 점입니다.

(3) 하나님의 뜻을 이루기 위해서입니다.

기도의 차원이 높아지면 내 뜻이 문제가 아니라 하나님의 뜻이 문제가 됩니다. 이것을 위해서 우리는 기도합니다.

"뜻이 하늘에서 이루어진 것같이 땅에서도 이루어지기입니다."

하나님의 뜻이 무엇입니까? 하나님의 통치입니다. 하나님은 우리를 사랑하시기 때문에 우리를 다스리시기를 원하십니다. 우리의 왕이 되셔서 우리들의 목자로서 인도하시며 보호하시며 복을 주시기를 원하십니다.

(4) 우리가 아무것도 할 수 없기 때문입니다.

다윗은 나는 기도할 뿐이라고 고백했습니다. 다른 것은 할 것도 없고, 해보아도 되지도 않고, 그래서 기도를 한다는 뜻입니다. 그래서 기도는 성공할 때보다 실패할 때 더 많이 합니다.

그런데 기도를 해보면 하나님이 우리들과 단독으로 만나고 싶어서 우리를 골방으로 몰아넣는 것을 발견하게 됩니다.

(5) 주님이 기도하라고 명하셨기 때문입니다.

어떤 때는 기도하는 것이 피곤하고 귀찮을 때가 없지 않습니다. 그러나 주님이 세속화되지 않기 위해서 영적인 잠에 들지 않기 위해서 기도하라고 했으니 순종하는 뜻에서 하는 것입니다.

2. 우리는 무엇을 기도할 것인가?

이에는 네 가지가 있습니다. 하나님께 대한 경배, 회개, 하나님께 대한 감사 그리고 간구입니다. 그러나 우리는 간구부터 하고 하나님께 대한 경배는 거의 하지 않습니다. 그러므로 우리가 무엇을 기도할 것인가를 분명히 알아야 합니다.

3. 어떻게 기도해야 응답되는가?

(1) 믿음으로 기도해야

하나님은 기도하면 반드시 응답하신다는 믿음을 가져야 합니다. "구하라 그러면 너희에게 주실 것이요 찾으라 그러면 찾을 것이요 문을 두드리라 그러면 너희에게 열어 주실 것이라"고 했으니 약속대로 주신다는 믿음을 가져야 합니다.

(2) 기도할 때 마음의 자세

사도행전 1:14절에서 말씀하고 있습니다.

첫째는 더불어의 자세입니다.

이것은 지체의식을 말씀하는 것입니다. 남을 위한 중보의 기도는 더욱 능력이 있습니다.

둘째는 마음을 같이하는 자세입니다.

같은 목적, 같은 제목을 가지고 공동체가 함께 하는 기도는 큰 능력이 나타나고 기적이 나타납니다.

셋째는 전혀 기도에 힘쓰는 자세입니다.

이것은 계속해서 기도한다는 뜻입니다. 이루어질 때까지 기도해야 합니다. 우리는 기도하다가 중간에 포기하고 맙니다. 그러나 야곱처럼 주실 때까지 하겠다는 각오가 되어 있어야 합니다.

(3) 하나님의 뜻을 따라서

"아버지 할 만하시거든 이 잔을 내게서 옮기시옵소서. 그러나 내 원대로 마옵시고, 아버지의 원대로 하옵소서." 물론 기도의 처음에는 내 마음대로 합니다. 그러나 한참 하다 보면 그 기도가 수정되고, 하나님의 뜻대로 변합니다.

(4) 기도의 우선순위가 바로 되어야

마태복음 6:33절에 분명하게 말씀했습니다. "너희는 먼저 그의 나라와 그의 의를 구하라. 그리하면 이 모든 것을 너희에게 더하시리라." 먼저 천국의 시민권을 받는 것이 우선입니다. 그리고 하나님과의 관계가 바로 되어야 합니다. 그것은 바로 하나님께 대한 믿음입니다. 믿음을 가지면 하나님과의 관계가 바로 회복됩니다. 중요한 것은 먼저 그의 나라와 그의 의를 구하는 것입니다.

⑸ 외식적인 기도를 하지 말아야

골방에서 하나님과 담판을 하는 기도를 하면서도 외식적인 몇 가지 특징이 있습니다.

첫째로 회개가 없습니다.

달라는 요구만 합니다.

둘째로 감사가 없습니다.

받은 은혜는 다 잊습니다.

셋째로 눈물이 없습니다.

눈이 항상 메말라 있습니다.

넷째로 열심히 없습니다.

하다 말다 합니다.

다섯째로 항상 사람을 의식합니다.

이런 기도는 하나님 앞에서 응답을 받지 못합니다.

롯의 가정과 같은 파탄을 피하려면

(창13:5-13)

1. 가정의 파탄은 이유가 있습니다.

우연히 파탄을 당하는 것이 아닙니다. 가정의 제사장인 아버지가 잘못을 하였거나 아니면 협력자인 어머니가 잘못 했을 때 가정의 파탄이 옵니다.

2. 사탄은 가정을 파탄시키려고 모든 방법을 동원하고 있습니다.

물질적인 시험은 물론이고, 가정적인 시험을 주기도 하고, 무엇보다도 영적인 시험을 통해서 우리를 괴롭힙니다.

사탄이 사용하는 네 가지 무기가 있습니다.

첫째는 교만입니다.

둘째는 낙심입니다.

셋째는 비교의식입니다.

넷째는 허망한 꿈입니다.

3. 롯의 가정이 파탄에 이르게 된 동기는?

(1) 주신 축복을 상실했습니다(창12:5).

"아브라함이 그 아내 사래와 조카 롯과 하란에서 모든 소유와 얻은 사람들을 이끌고 가나안 땅으로 가려고 떠나서 마침내 가나안 땅에 들어갔더라."

지금 롯은 비록 부모를 일찍 여의였지만 아브라함의 조카이기 때문에 하나님의 약속의 땅인 가나안에 들어가 살 수 있는 축복을 받은 것입니다. 하나님께서는 롯에게 많은 복을 주셨는데 그것을 상실한 것입니다. 성경은 우리에게 경고합니다.

"내가 속히 임하리니 네가 가진 것을 굳게 잡아 아무나 네 면류관을 빼앗지 못하게 하라"(계3:11).

(2) 소돔에 정착한 것이 가장 큰 잘못입니다(13:5-13).

왜 롯은 소돔성을 정착할 곳으로 정했을까요? 가족이 많아지고, 재산이 많아지므로 서로 다투게 되자 서로 나누는 것이 필요하였습니다. 그런데 창 13:9절에 보면 아브라함이 롯에게 선택할 수 있는 특권을 먼저 주었습니다.

"네가 우하면 나는 좌하고, 네가 좌하면 나는 우하리라"

10절을 보면 "이에 롯이 눈을 요단 들을 바라본즉 소알까지 온 땅이 물이 넉넉하니." 그래서 11절에 보면 그는 "요단 온 들을 택하고"라고 하였습니다.

문제는 자신의 눈을 의지한 것입니다. 그러나 눈은 우리들에게 꼭 필요하지만 때로는 눈이 우리를 망치게 할 때가 있습니다.

(3) 롯의 아내는 불순종으로 소금기둥이 되었습니다(19:17,26).

17절에 "도망하여 멸망함을 면하라." 그러나 26절에 "롯의 아내는 뒤를 돌아본 고로 소금기둥이 되었더라"고 했습니다.

왜 뒤를 돌아보지 말라고 했을까요? 크게 세 가지 이유가 있습니다.

첫째는 하나님의 심판의 말씀을 의심할까 해서입니다

둘째는 다가오는 심판을 보면서 두려워 도망가는 것을 포기할까 해서입니다.

셋째는 *그가* 하나님의 말씀을 불순종할까 해서입니다.

(4) 윤리적으로 근친상간의 죄를 범하였습니다(19:0-38).

성경에 보면 심판이 지나간 다음에 소알에 거하기가 두려워 산에 있었는데 이것이 두 딸에게 판단착오를 일으킨 것입니다. 산에 있으니 사람들을 볼 수 없고, 만날 수 없으니 세상에 자기들만 사는 줄로 착각한 것입니다. 여기에서 롯은 큰 잘못을 저질렀습니다. 딸들이 옆에서 자고 일어나는 것을 알지 못하도록 술을 먹었다는 것은 씻을 수 없는 잘못입니다. 솔직히 술을 먹는 것이 죄는 아닙니다. 문제는 우리가 술에 의해 판단력이 흐려지고, 도덕적 양심이 흐려지기 때문입니다.

4. 우리 가정에 롯의 가정과 같은 파탄을 피하려면?

(1) 하나님이 주신 축복으로 만족해야 합니다.

(2) 눈에 보이는 것을 의지하지 말아야 합니다.

(3) 때로는 이해가 안 되어도 하나님의 말씀에 절대적으로 순종해야 합니다.

(4) 하나님이 경고한 것들, 피하라고 한 것은 피하는 것이 좋고, 가까이 하라고 한 것은 가까이 하는 것이 복이 된다는 것을 믿어야 합니다.

맺는 말

우리는 하나님이 천국을 맛보라고 주신 가정을 소중히 여겨야 합니다. 이 가정이 파탄에 빠지지 않도록 조심해야 합니다. 그러므로 영적 분별력을 가지고 모든 것을 보아야 합니다. 육신의 눈은 우리들을 유혹할 뿐입니다. 하나님의 말씀에 절대적으로 순종하시기 바랍니다.

형제들아 우리가 어찌 할꼬

(행2:37-41)

1. 우리가 처해 있는 위기는 무엇인가?

가장 큰 위기는 영적인 위기입니다. 계시록에 보면 떨어진 별들로 인해서 물과 강들이 쑥이 되어 많은 사람들이 죽게 되리라고 했습니다. 그래서 지금 기독교가 말씀의 홍수 속에서 쑥으로 인해 말씀의 공해가 심각합니다. 하나님께서 문밖에 서서 우리의 마음의 문을 두드리고 계시지만 사람들이 열지를 않습니다. 하나님은 지금도 탕자와 같은 우리들이 돌아오기를 기다리고 있습니다.

하나님께로 돌아가지 않으면 우리에게는 살 길이 없습니다. 이것을 보지 못하는 것이 위기이고, 깨닫지 못하는 것이 위기 중의 위기입니다.

2. 우리의 살 길은 어디에 있는가?

(1) "어찌 할꼬"하고 하나님께 도움을 요청해야 합니다.

그러려면 양심에 가책을 받고 아픔이 되어야 합니다. 언제 마음이 찔립니까? 구체적으로 말씀드리면

첫째로 죄나 악행을 자각하게 될 때에 어찌 할꼬 하고 애통하게 됩니다.

둘째로 하나님을 저버리고, 자신이 얼마나 부족하고 모자라는 것을 자각할 때입니다.

셋째로 하나님의 의가 필요하다는 것을 깨닫게 될 때입니다.

(2) 우리가 회개하고 세례를 받아야 합니다.

회개란 토해낸다는 뜻이요 방향을 바꾼다는 뜻입니다.

세례에는 두 가지가 있습니다. 하나는 물세례요 그리고 성령세례입니다. 물세례란 성도의 외적인 표시입니다. 자신이 그 생명을 하나님께 맡겼음을 보여주는 표시입니다. 그런데 중요한 것은 그리스도의 이름으로 세례를 받는다는 것입니다. 왜냐하면 누구의 이름으로 세례를 받느냐에 따라 그 소속이 결정되기 때문입니다.

여기서 세례란 단순히 물세례만을 말하는 것은 아닙니다. 성령의 세례를 포함하는 것입니다. 세례의 결과는 먼저는 죄 사함을 받고, 다음에는 성령을 선물로 받게 됩니다.

내가 죄 사함을 받았는지 아닌지를 어떻게 알 수 있습니까?

그것은 죄 사함을 받은 사람은 성령을 선물로 받습니다. 성령을 받은 것을 보고 우리는 내가 죄 사함을 받았는지 아닌지를 알 수 있습니다. 그러면 우리가 성령을 받았는지 아닌지는 어떻게 알 수 있습니까? 그것은 성령으로 아니 하고는 예수를 주라 할 수 없느니라는 말씀처럼 예수님을 나의 주님으로 고백하면 그것이 바로 성령 받은 증거입니다.

(3) 하나님께서 주신 약속을 믿고 결단을 하는 것입니다.

마태복음 13장 비유에서 천국은 감춘 보화와 같다고 했습니다. 좋은 진주를 구하는 상인과 같다고 했습니다. 이런 보화, 진주를 구하려면 자기의 소유를 다 파는 결단이 필요합니다.

(4) 영성의 회복입니다.

회복이란 제자리로 돌아간다는 뜻입니다. 지금 양심이 제자리에 없습니다. 그것은 영성의 상실에서 비롯된 것입니다. 영성을 상실하면 우리들은 육적인 것만 남게 되기에 하나님의 형상이 허물어지고 맙니다. 따라서 오늘 우리가 살 길은 영성의 회복에 있습니다. 그래서 하나님의 영성이 회복되고 양심이 회복되어야 합니다.

영성이란 죄악으로부터 참 자유함을 받는 것이고, 그리스도와 개인적인 친교와 관계를 가지는 것을 말합니다. 이 영성은 세 단계로 이루어집니다. 각성의 단계 밝아짐의 단계, 주님과 하나가 되는 단계입니다.

첫째로 각성의 단계입니다.

우리의 죄를 깨달아야 합니다. 나의 타락한 모습을 각성해야 합니다. 이 각성이 영성 회복의 시작입니다.

둘째로 밝아짐의 단계입니다.

비교적 죄책감에서 해방된 상태입니다. 불안이 없어집니다. 하나님에 대한 사랑이 뜨거워집니다.

셋째로 주님과 하나 되는 단계입니다.

요한복음 15장은 포도나무의 비유에 잘 설명되어 있습니다. 저가 내 안에, 내가 저 안에 있는 것입니다. 주님은 나무가 되시고 나는 가지가 되는 단계입니다. 이 때에 많은 열매를 맺게 됩니다. 이 단계는 말씀의 묵상, 기도, 찬양, 봉사를 통해서 주님과 내가 하나 되는 과정에 이르게 됩니다. 이것이 영성의 과정입니다.

보고 듣고 함께 하시는 하나님

(행7:34-43)

우리들은 하나님을 저 높은 곳에 계셔서 만날 수도 없고, 가까이 갈 수도 없는 분으로 생각하기 쉽습니다. 그러나 사실은 우리와 항상 함께 계셔서 보고, 듣고 계신다는 것입니다. 그뿐 아니라 하나님은 놀라운 계획을 가지고 우리들을 인도하고 계십니다.

1. 하나님은 어떤 분이신가?

34절에 "내 백성이 애굽에서 괴로움을 받음을 내가 정녕히 보고 그 탄식하는 소리를 듣고 저희를 구원하려고 내려왔노니 지금 내가 너를 애굽으로 보내리라"고 했습니다. 하나님은 우리들의 모든 것을 보고 계시고, 듣고 계시고, 함께 하시는 분이십니다.

2. 하나님은 무엇을 보고, 무엇을 듣고 계십니까?

창세기를 보면 아담과 하와가 "하나님의 낯을 피하여 동산 나무 사이에 숨은지라" 즉 숨었을 때에 보셨습니다. 또 아벨이 죽임을 당할 때 보고 듣고 함께 하셨습니다. 노아 당시에 "하나님의 아들들이 사람의 딸들의 아름다움을 보고 자기들의 좋아하는 모든 자로 아내를 삼는지라 여호와께서 가라사대 나의 신이 영원히 사람과 함께 하지 아니하리니 이는 그들이 육체가 됨이라"(창6:2-3), 타락하는 모든 과정을 보시고, 듣고, 함께 하셨습니다. 하나님은 무엇 하나 안 보는 것이 없으시고, 안 들으시는 것이 없으신 분이십니다.

아브라함의 경우도 가나안 땅에 기근이 생겼을 때에 자기 마음대로 애굽으로 피하여 갔지만 그때에도 하나님은 아브라함을 버리지 않으시고, 모든 것을 보시고, 들으시고 함께 하셨습니다. 야곱의 경우도 예외가 아니었습니다. 형을 속이고, 아버지를 속이고, 장자권을 빼앗고, 형이 받아야 할 축복을 빼앗고 하란으로 도망갈 때에도 함께 하셨습니다. 광야에서 혼자 잘 때에도 꿈에 나타나셔서 사닥다리가 땅 위에 섰는 것을 보여 주시고 그 위로 하나님의 사자가 오르락내리락하는 것을 보게 하셨습니다. 그러면서 말씀하셨습니다. "내가 너와 함께 있어 네가 어디로 가든지 너를 지키며 내가 네게 허락한 것을 다 이루기까지 너를 떠나지 아니하리라"고 하셨습니다.

3. 보고 듣고 함께 하시는 하나님을 믿는 우리는 어떻게 해야 합니까?

(1) 항상 기도해야 합니다.

기도는 하나님과의 영적인 대화로써 하나님의 놀라운 사역이 우리들에게 일어나게 하는 열쇠입니다.

(2) 하나님과 동행하는 삶을 살아야 합니다.

하나님이 가장 기뻐하시는 것이 그와 동행하는 것입니다. 성경에는 에녹이 한 것이라고는 자녀를 낳아 기른 것과 하나님과 동행한 것밖에는 없습니다. 그럼에도 하나님께서는 그에게 죽음을 보지 않고 승천하게 하였습니다.

불신과 의심, 우상숭배와 교만, 불평과 원망 이런 것들은 우리들을 하나님과 동행하지 못하게 합니다.

(3) 모든 것을 하나님께 맡겨야 합니다.

잠언 16:3절에 "너의 행사를 여호와께 맡기라. 그리하면 너의 경영하는 것이 이루리라"고 했습니다. 먼저 우리의 심령을 내어맡겨야 합니다. 가정을 맡겨야 합니다. 직장을 맡겨야 합니다. 교회의 일도 맡겨야 합니다. 그러면 하나님께서 경영하여 주신다고 했습니다.

(4) 하나님의 뜻에 순종하는 삶을 살아야 합니다.

순종은 믿음의 척도입니다. 성경에 나오는 사람들은 다 믿음의 사람들이었습니다. 그래서 베드로전서 1:14절에 "너희가 순종하는 자식처럼"하라고 했습니다. 그러나 우리들은 예수님을 주님, 즉 주인이라고 부르면서 그의 명령에 순종하지 않고 있습니다.

하나님은 살아 계실 뿐 아니라 지금도 보고, 듣고 함께 계십니다. 그러므로 우리는 항상 기도해야 합니다. 모든 것을 하나님께 맡겨야 합니다. 또 하나님과 동행하여야 합니다. 그에게 절대적으로 순종해야 합니다. 그러면 보고 듣고 함께 하시는 하나님께서 우리를 인도하고, 축복하고 성공하도록 도우실 것입니다.

네 발에서 신을 벗어라

(행7 | 17-33)

본문은 스데반이 순교하기 직전에 설교한 내용입니다

1. 왜 하나님께서는 모세를 바로의 공주의 아들로 키우게 하셨는가?

22절에서 그 해답을 발견합니다. "모세가 애굽 사람의 학술을 다 배워서 그 말과 행사가 능하더라" 당시 애굽은 세계를 지배하는 제국이었습니다. 그 나라의 학술을 다 배울 수 있는 길은 그 나라의 왕궁에 들어가야 합니다. 그것도 왕자로 들어갔으니 얼마나 잘 배웠겠습니까? 지도자는 마땅히 말과 행사에 능하여야 합니다. 지식에 능통해야 합니다. 왜냐하면 지도자는 마땅히 시대의 흐름을 알고 그것을 해결할 방법을 제시할 수 있어야 하기 때문입니다.

사실 모세가 어머니의 품에서 컸더라면 큰 인물이 되지는 못했을지도 모릅니다. 그래서 하나님께서 그를 큰 그릇으로 만들기 위해서 호랑이 굴에 데려다가 키웠습니다.

때때로 우리들이 고생과 어려움 속에 처해 있다 해도 심지어 실패를 했다고 해도 아직도 하나님의 오묘한 섭리가 끝난 것이 아니기에 우리는 실망하지 말아야 합니다. 성경은 말합니다 "하나님을 사랑하는 자, 곧 그 뜻대로 부르심을 입은 자들에게는 모든 것이 합력하여 선을 이루느니라."

2. 25절에는 "저희가 깨닫지 못 하였더라"는 말씀이 나옵니다.

모세는 애굽의 궁전에서 배우면서 세계적인 안목이 생겼고 역사 공부를 통해서 민족의 어려움을 알았습니다. 그러나 애굽에서 종노릇하면서 살고 있었던 이스라엘 백성은 깨닫지 못하였습니다.

3. 지금도 하나님께서는 떨기나무 불꽃 가운데서 우리를 부르십니다.

중요한 것은 하나님께서는 떨기나무 불꽃 가운데에 임하신다는 사실입니다. 키가 큰 종려나무도 아니고, 큰 재목이 되는 백향목도 아닙니다. 열매를 맺는 무화과나 포도나무도 아닙니다. 쓸모없는 나무, 버려진 나무인 떨기나무입니다. 이런 나무에 하나님은 임하십니다. 레위기에 보면 번제단이나 떡 상이나 법궤나 다 조각목으로 만듭니다. 이 조각목이 아카시아 나무입니다. 떨기나무도 이런 나무의 일종입니다. 쓸모없는 나무를 금으로 싸서 가장 요긴한 것을 만드시는 하나님의 섭리를 깨달아야 합니다.

기독교를 핍박하는 쓸모없는 사울을 들어서 선교의 아버지인 바울을 만드신 하나님, 어부로서 노동밖에 모르는 자를 높이 들어서 수제자로 삼으신 주님, 돈밖에 모르는 세리 마태를 들어서 제자를 삼고, 성경을 기록하게 하신 주님입니다. 이것은 지금도 마찬가지입니다. 우리들이 하나님 앞에서 쓰임 받기를 원한다면 자신의 부족함을 깨닫고 겸손해야 합니다.

31절에 "알아보려고 가까이 가니"라고 하였습니다. 영적 관심을 가진 사람, 하나님의 뜻을 알아보려고 가까이 가는 사람을 쓰십니다. 주님을 가까이한다는 것은 쉽지 않습니다. 세상의 것을 끊어야 합니다. 내가 좋아하는 취미, 나의 고집, 나의 체면을 버려야 하기 때문입니다.

출애굽기에 보면 모세는 두려워 얼굴을 가렸다고 했습니다.

하나님을 두려워하는 사람이 쓰임 받습니다. 그러나 단순한 두려움이
아니라 경외심을 말하는 것입니다.

"네 발에서 신을 벗어라 너의 선 곳은 거룩한 땅"이라고 했습니다.
여호수아서를 보면 하나님께서 여호수아에게 똑같은 명령을 하였습니
다(수5:15). 신을 벗는다는 것은 무엇을 의미합니까? 종이 된다는 뜻
입니다. 겸손의 표현입니다. 당시 노예들은 신을 벗고 살았습니다. 그러
므로 종의 자세를 가지는 것을 말합니다. 종의 자세를 가져야 쓰임을
받습니다.

(1) 겸손한 자세입니다.

나는 피조물이고, 하나님은 창조자입니다 라는 차이를 고백하는 자세
입니다. 나의 재능이나 자존심 등을 과감히 버리고 겸손히 순복하는 자
세입니다.

(2) 나는 죄인일 뿐입니다라는 자세입니다.

허물과 죄로 오염된 비천한 존재입니다. 이 자리에 설 수 없는 존재
입니다. 오직 중보자 되시는 주님의 보혈 없이는 하나님과 동거할 수
없다는 고백의 표현입니다.

(3) 경외심으로 예배를 드리는 자세

하나님께 참 경외심으로 예배를 드리는 자세와 절대 신앙을 표현하는
자세입니다. 이제 하나님의 영광을 위해서는 어떤 고난도 각오하겠습니
다 하는 자세입니다(롬8:17).

(4) 그리스도의 구속의 은혜를 덧입어야

그냥 그대로 하나님 앞에 나아 갈 수 없는 존재요, 이제 하나님께 종
으로 쓰임 받기 위해서 죄악과의 단절, 나아가서는 그리스도의 구속의

은혜를 덧입어야 한다는 자세입니다.

더러워진 우리들의 신발인 인격과 마음과 심령을 벗어 던지고, 주님의 보혈로 씻김을 받아야 합니다. 섬기는 자의 자세, 종의 자세를 가져야 합니다. 그러면 하나님께서 높이 들어 써 주실 것입니다.

인하여 복을 받으리라

(행3:22-26)

우리 민족은 복 받기를 아주 좋아했습니다. 아마도 너무도 불행한 과거를 가지고 있기 때문인지도 모르겠습니다. 그런데도 여전히 불행한 사람들이 많은 것은 무엇 때문일까요? 거기에는 세 가지 이유가 있습니다. 첫째로 복이 무엇인지 알지 못하기 때문이고, 둘째로 알아도 복을 받는 비결을 모르기 때문이고, 셋째로 받아도 그것을 유지하지 못하기 때문입니다.

1. 복이 무엇입니까?

복이라는 한자를 자세히 보면 가르칠시 자 변에 한일 자 밑에 입구 자 밑에 밭전 자가 합쳐진 글자입니다. 그 뜻은 한 입을 먹을 만큼만 밭이 있으면 복이란 뜻입니다. 그러나 밭전 자를 좀 더 자세히 보면 십자가가 가운데 있습니다. 입구 자 안에 십자가가 있는 것입니다. 그것이 바로 진정한 복을 받는 비결입니다. 십자가 없이는 복을 받을 수 없습니다.

요한삼서 2절에 "네 영혼이 잘됨같이 네가 범사에 잘되고, 강건하기를 내가 간구하노라"는 말씀처럼 영혼이 잘되고, 범사가 형통하고, 건강한 세 가지를 말하고 있습니다. 그러나 더 중요한 것은 마태복음 5장의 산상설교에서 주님이 말씀한 팔복입니다. 심령이 가난한 자, 죄에 대해서 애통하는 자, 온유한 자, 의에 주리고 목마른 자, 남들을 긍휼히 여기는 자, 마음이 청결한 자, 화평케 하는 자 그리고 의를 위하여 핍박을 받는 자입니다. 세상의 복과는 다른 천국의 복을 말씀한 것입니다.

2. 복을 받는 비결은 무엇인가?

(1) 복을 담을 수 있는 그릇을 준비해야 합니다.

그릇은 인격을 말하는데 그 중에서도 겸손입니다. 많은 사람들이 복을 받았다가 놓치고 마는 경우가 있는 것은 복을 담는 그릇이 깨어졌기 때문이며 교만하였기 때문입니다.

(2) 사람은 누구를 인하여 복을 받습니다. 말미암아 복을 받습니다.

부모와 가문을 인하여, 지식을 인하여, 지위를 인하여, 자녀를 인하여 복을 받게 됩니다.

하나님은 아브라함에게 세 가지 복을 주셨는데 그 중에 하나가 네가 복의 근원이 되리라는 것입니다. 이 말씀은 네 자손, 메시야를 인하여 온 인류가 구원을 받게 되고, 복을 얻게 된다는 말입니다. 우리들은 예수 그리스도를 인하여, 그리스도로 말미암아 복을 받습니다. 왜냐하면 주님은 하늘과 땅의 모든 권세를 가지셨을 뿐 아니라 우리의 구원자이시고 또 복의 근원이 되시고, 복을 주시는 분이시고, 우리들의 삶을 변화시켜주시는 분이기 때문입니다.

어떻게 하면 복을 받습니까?

첫째로 예수님과의 관계가 회복되어야 합니다.

무엇보다도 목자와 양의 관계를 회복해야 합니다. 양은 두 가지가 없습니다. 무지한 것과 무능한 것입니다. 양은 게으르며 어리석기도 하고 공격도 방어도 못해서 자신을 보호하지도 못합니다. 그래서 양은 제물로 바치기에 알맞은 동물입니다. 주님께서 목자와 양의 관계를 말씀하신 것은 성도는 주님의 보호하심이 없이, 그의 인도하심이 없이는 아무

것도 할 수 없다는 자세로 사는 것을 말씀하신 것입니다.

둘째로 신랑과 신부의 관계로 말씀하고 있습니다.

우리는 주님보다 세상을 사랑하고, 돈을 사랑하고, 쾌락을 사랑합니다. 이것을 성경은 우상이라고 말합니다. 이 우상을 버리고 다시 주님과의 관계가 회복되어야 합니다.

셋째로 포도나무와 가지의 관계를 말씀하고 있습니다.

우리는 자신의 한계를 모르고 살 때가 많습니다. 나 혼자서 할 수 있다고 착각하고 있습니다. 그러나 우리는 가지일 뿐입니다. 이것을 잊어버리고 자기 힘으로 무엇을 하려고 합니다. 줄기가 되시는 주님께 붙어 있어야만 된다는 것을 알아야 합니다.

(3) 말씀을 인하여 복을 받습니다.

말씀 속에 모든 비결이 있고, 생명이 있고, 소망이 있기에 항상 말씀에 주목해야 합니다.

(4) 믿음을 인하여 복을 받습니다.

믿음은 하나님이 주시는 복을 받는 영적 손입니다. 하나님을 붙드는 손이요 받는 손입니다. 믿음이 없이는 하나님을 붙들 수 없습니다.

무엇을 믿습니까? 예수님이 하나님이시요 왕이시요 구주이심을 믿어야 합니다. 지금도 주님이 나를 인도하심을 믿어야 합니다.

3. 받은 복을 유지하는 비결은 무엇인가?

(1) 복을 담은 그릇

복을 담은 그릇이 깨어지지 않도록, 더러워지지 않도록 잘 지키는 것입니다. 사람에게 그릇이란 바로 사람의 됨됨이, 즉 인격을 말합니다. 그 중에서도 겸손과 인내입니다. 성공에는 반드시 겸손과 인내가 없이는 안 됩니다. 또 일시적인 성공을 했다고 해도 겸손과 인내가 없으면 오래 가지 못하고 중간에 실패하고 맙니다.

(2) 받은 복을 나누어야 계속해서 복을 유지하게 됩니다.

주님을 인하여 복을 받은 성도들은 또한 우리들을 인하여, 말미암아 다른 사람들이 복을 받을 수 있도록 하나님의 복을 나누어 주는 하나님의 도구가 되어야 그 복이 계속됩니다.

(3) 계속해서 충전해야 합니다.

신앙생활도 충전하지 않으면 얼마 지나서 침체되고, 번 아웃됩니다. 그래서 계속해서 재충전을 해야 됩니다.

어떻게 재충전을 합니까? 말씀과 기도와 봉사를 통해서 재충전이 됩니다.

불행과 원망

(행6:1-6)

　　인간의 불행은 여러 가지 원인이 있습니다. 그 중에 하나가 불평과 원망입니다. 불평이란 못마땅하게 여기는 것을 말합니다. 원망이란 불평 다음에 일어나는 현상으로 불평하며 미워하는 것을 말합니다. 바로 이 불평과 원망이 우리들을 불행하게 만듭니다. 유다서에 보면 마지막에 정죄를 받는 자들의 명단을 말하면서 "원망하는 자며 불만을 토하는 자"라고 하였습니다.

1. 불평과 원망의 역사

　　본문의 내용은 헬라파 과부들이 매일 구제에 빠짐으로 히브리파 사람을 원망한 것을 위해서 안수집사들을 뽑기 시작했다는 내용입니다. 그런데 이 불평과 원망의 뿌리는 인류의 역사만큼이나 길고도 깊은 뿌리를 가지고 있습니다.

　　인간의 불행은 아담과 하와가 선악과를 따먹은 뒤부터 시작됩니다. 하와가 선악과를 따먹은 것은 뱀의 유혹이 근본 원인입니다. 그런데 그 내용을 보면 창세기 3:1절에 "뱀이 여자에게 물어 가로되 하나님이 참으로 너희더러 동산 모든 나무의 실과를 먹지 말라 하시더냐?"고 불평의 원인을 제공하고 부추기는 데서부터 시작되었습니다.

　　또 창세기 4장에 보면 가인이 자신의 제사가 하나님께 열납되지 않음을 심히 분하여 마침내 동생 아벨을 죽였다고 했습니다. 바로 불평과

원망이 살인으로 변하였던 것입니다. 요셉의 형제들이 요셉을 죽이려고
했던 것도 아버지의 편애에 대한 불평에서 시작되었던 것입니다.

불평과 원망의 가장 대표적인 역사는 바로 출애굽 후의 광야에서의
이스라엘의 역사 자체라고 할 수 있습니다. 14:11절에 보면 "그들이 또
모세에게 이르되 애굽에 매장지가 없으므로 당신이 우리를 이끌어 내어
이 광야에서 죽게 하느뇨? 어찌하여 당신이 우리를 애굽에서 이끌어 내
어 이같이 우리에게 하느냐." 그 말속에는 출애굽을 인도한 모세에 대한
감사는 조금도 없습니다. 12절에는 "우리를 버려두라 우리가 애굽 사람
을 섬길 것이라 하지 아니하더냐? 애굽 사람을 섬기는 것이 광야에서
죽는 것보다 낫겠노라"고 하며 그때가 지금보다 더 낫다는 것입니다. 이
때에 하나님께서는 모세의 기도를 들으시고 큰 동풍으로 밤새도록 바닷
물을 물러가게 하셔서 갈라지게 했습니다. 그러자 이 광경을 목격한 백
성들이 여호와와 모세를 믿었다고 하였습니다.

그러나 15:24절에 보면 다시 옛날의 병이 도졌습니다. 마라에 왔을
때에 물이 써서 마시지 못하여 목이 마르게 되자 또 불평과 원망이 시
작된 것입니다. 16:8절에 보면 메뉴가 다양하지 않다고 모세와 아론뿐
만 아니라 하나님에게도 불평하고 원망하였다고 했습니다. 민수기
14:27절에 보면 "나를 원망하는 이 회중을 내가 어느 때까지 참으랴?"
하고 한탄을 하였습니다. 민수기 14:22절에서는 하나님께서 이스라엘
에게 베푸신 광야에서의 이적이 무려 열 번이나 되는데도 건망증이 심
한 이스라엘은 그것을 잊고, 불평과 원망만 계속하였다고 했습니다.

재미있는 것은 민 16:11절에서는 하나님께서 지도자 론을 펴시면서
내가 세운 아론을 너희가 불평을 하다니 그것은 바로 나를 거스르는 것
이라고 말씀했습니다.

2. 불평과 원망의 원인

본문에서는 불평과 원망의 원인이 불공정한 행정에서 비롯되었다는 것을 말씀하고 있습니다. 헬라파 과부들이 구제에서 빠졌다는 것입니다. 그래서 공정한 행정이 되도록 하기 위해서 안수집사의 역사가 시작되었습니다.

성경에는 다양한 불평과 원망의 원인이 있음을 말합니다.

욥기에 보면 영혼의 괴로움 때문에 불평하는 내용이 나옵니다(욥 7:11). 두려움에서 불평이 나오기도 합니다(신1:27). 배가 고파서 불평하였고(민21:5). 목이 말라서 불평하였고(출17:3). 길이 나쁘다고 불평하였고, 고기가 먹고 싶다고 불평하였습니다. 여호수아 9:18절에 보면 부당한 처사로 인하여 불평하였다고 했습니다.

전체적으로 원인을 살펴보면 불만족에서 나옵니다(마20:11). 다음은 하나님께 대한 확고한 믿음이 없기 때문입니다. 또 과거에 주신 은혜를 잊은 영적 건망증 즉 하나님께 대한 불신에서 나옵니다.

3. 불평과 원망의 결과

(1) 불평과 원망이 습관 되면

무서운 것은 불평과 원망은 습관이 되어 버리기가 힘듭니다. 마치 다 큰 나무를 패려고 하는 것이 거의 불가능한 것처럼 되는 것입니다. 모든 사고방식이 부정적으로 변하여 버렸기 때문입니다.

(2) 불평과 원망은 불행의 동기

불평과 원망은 우리들을 불행하게 만들고, 모든 일에 실패하게 만듭니다. 불평은 비교하는 데서 옵니다. 사탄이 가장 많이 사용하는 무기는 비교의식입니다.

성공한 사람들을 보면 항상 긍정적입니다. 밝은 면을 봅니다. 실패를 연단으로 봅니다. 그러나 불평과 원망을 하는 사람은 실패를 남의 탓으로 돌립니다.

(3) 불평과 원망이 받을 심판

불평과 원망은 마지막에 하나님의 심판을 받습니다. 지옥이 괴로운 것은 불의 심판도 힘들지만 불평과 원망의 소리로 인해서 귀가 아파서 괴로운 것입니다.

4. 불평과 원망을 제거해야 하는 이유와 비결

(1) 불평 원망을 제거해야 할 몇 가지 이유

우리가 불평과 원망을 제거해야 하는 몇 가지 이유가 있습니다.

첫째는 불평은 불평을 낳고, 그 불평은 또 다른 불평을 낳기 때문입니다. 불평으로 가득 찬 가정이나 공동체에 축복이 내린 것을 보지 못하기 때문입니다.

둘째는 불평과 원망은 하나님의 심판을 받기 때문입니다(약5:9). 모세에 대한 불평이 결국은 하나님께 대한 불평이고, 불신이었기 때문에 하나님이 기뻐하지 않습니다.

셋째는 불평과 원망 속에서 드리는 예배는 받지 않기 때문입니다.

마 5:23-24절에 "그러므로 예물을 제단에 드리다가 거기서 네 형제에게 원망들을 만한 일이 있는 줄 생각나거든 예물을 제단 앞에 두고 먼저 가서 형제와 화목하고 그 후에 와서 예물을 드리라"고 했습니다. 예배보다 순서적으로 앞서야 할 것은 형제간의 불평과 원망의 문제를 제거해야 한다는 말씀입니다.

넷째는 성경이 원망과 불평이 없이 하라고 권면하고 있기 때문입니다. 레 19:18절에 "동포를 원망하지 마라"고 했고 빌 2:14절에 "모든 일에 원망과 시비가 없이 하라"고 했습니다.

(2) 어떻게 불평과 원망을 제거할 수 있을까?

첫째로 마음을 넓혀야 불평과 원망이 없어집니다. 불평은 우리의 마음이 좁기 때문입니다.

둘째로 합력해서 선을 이루시는 하나님의 섭리를 믿을 때 해결됩니다. 롬 8:28절에 "우리가 알거니와 하나님을 사랑하는 자 곧 그 뜻대로 부르심을 입은 자들에게는 합력하여 선을 이루느니라"고 했습니다. 따라서 불평은 불신의 뿌리에서 생기는 독버섯입니다.

셋째로 악인의 형통을 현실에서 볼 때에 불평이 생기는 경우가 있습니다. 그러나 하나님의 입장에서 보아야 불평과 원망이 제거됩니다. 시37:1절에 "행악자를 인하여 불평하여 하지 말라"고 했습니다.

넷째로 가장 중요한 것은 감사의 생활을 습관화할 때 불평과 원망은 안개처럼 사라집니다. 세상에 감사보다 더 좋은 보약은 없습니다. 왜냐하면 모든 것을 긍정적으로 보고 하나님의 입장에서 생각하고 믿음으로 보기 때문입니다.

성탄의 기쁨

(행5:33-42)

오늘의 요절은 41절입니다. "사도들은 그 이름을 위하여 능욕을 받는 일에 합당한 자로 여기심을 기뻐하면서 공회 앞을 떠나니라"고 했습니다. 왜냐하면 주님의 이름 때문에 합당한 자로 여기심을 받은 것이 영광이요 기쁨이었기 때문입니다. 이것이 바로 주안에서 기뻐하는 삶입니다. 주안에서 기뻐하는 삶은 환경에 관계가 없습니다. 그래서 항상 기뻐할 수가 있습니다.

오늘 우리가 성탄절을 맞는데 그러면 이 성탄절의 특징이 무엇입니까? 한 마디로 말해서 기뻐하는 것입니다. 주님이 오신 것이 기쁜 것입니다. 그러나 혼자서가 아니라 함께 기뻐하는 것입니다. 그래서 "만 백성 맞으라"고 찬송합니다.

1. 성탄절을 맞아 하나님께서 우리에게 원하시는 소원이 무엇일까요?

하나님께도 소원이 있습니다. 하나님의 소원은 무엇일까요? 하나님께서는 우리가 항상 기뻐하기를 원하십니다. 그러나 우리의 현실은 그렇지 않습니다. 기뻐할 때도 있지만 슬퍼할 때가 더 많습니다. 데살로니가전서 5:16절에는 "항상 기뻐하라"고 하였습니다. 하나님의 뜻은 슬퍼하는 것이 아니라는 점입니다. 요한이서 1:12절에서 "이는 너희 기쁨을 충만케 하려 함이라"고 하였습니다. 우리의 기쁨을 충만케 하는 것이 하나님이 원하시는 것입니다.

2. 우리는 어떤 기쁨을 가지고 있습니까?

기쁨에는 세 가지 종류가 있습니다.

(1) 육체적인 기쁨입니다.

맛있는 음식을 먹을 때의 기쁨, 좋은 옷을 입을 때의 기쁨, 좋은 집에서 살 때의 기쁨, 혼인의 기쁨, 성적인 기쁨 등 있습니다. 그런데 이것은 다 육신의 기쁨이며 유동적이고 잠깐일 뿐입니다.

(2) 정신적인 기쁨입니다.

정신적인 활동으로 인한 기쁨도 적지 않습니다. 기쁠 때는 웃습니다. 그러면 긴장이 풀리고, 모든 육체적인 조직이 부드러워집니다. 그래서 미소는 값진 것입니다. 놀라운 것은 상을 찡그릴 때에는 근육이 72곳이 움직이지만 미소를 지을 때는 불과 14곳만 움직이면 됩니다. 그래서 미소를 지으면 긴장이 풀리고, 모든 육체가 부드럽게 움직입니다.

(3) 영적인 기쁨입니다.

죄로부터 해방되는 기쁨, 하나님의 자녀가 되는 기쁨은 항상 기뻐할 수 있는 기쁨입니다. 천국의 기쁨은 항상 기뻐할 수 있는 기쁨입니다.

과연 참된 행복은 어디에 있을까요?

첫째로 불신 속에는 참 행복이 없습니다.

불신자의 대표적인 문학가요 철학자인 프랑스의 볼테르는 나는 차라리 나지 않았더라면 좋았을 뻔했다고 했습니다.

둘째로 행복은 쾌락 속에도 없습니다.

가장 많은 쾌락을 누렸던 시인 바이론 경은 벌레와 궤양과 슬픔은 오직 나만의 것이라고 슬퍼하였기 때문입니다.

셋째로 행복은 돈에도 있지 않습니다.

미국의 백만장자였던 제이 굴드는 죽을 때 이런 말을 했습니다. "이 세상에서 나는 가장 불행한 사람이었다"라고.

넷째로 행복은 지위와 명성에도 있지 않습니다.

누구보다 높은 지위와 명성을 가졌던 비콘스필드 경은 "나의 젊음은 실수요, 나의 장년은 투쟁이요, 나의 노년은 후회뿐이라"고 탄식했습니다.

다섯째로 행복은 세상의 영광에도 있지 않습니다.

가장 많은 영광을 누렸던 알렉산더 대왕은 "아! 더 이상 정복할 곳이 없구나."하고 영광에도 끝이 있음을 한탄했습니다.

그러면 참 행복은 어디에 있을까요?

바로 예수그리스도 안에서 발견할 수 있습니다. 그래서 바울은 빌 4:4절에서 "주안에서 항상 기뻐하라. 내가 다시 말하노니 기뻐하라"고 했습니다. 우리가 여기서 주목할 것은 바울이 감옥에 갇혔을 때의 기록이라는 것입니다. 그렇습니다. 주안에서의 기쁨은 환경과는 관계가 없습니다.

또 천국의 상급을 소유한 사람은 누구나 어떤 환경에서든지 기뻐할 수 있습니다. 그래서 누가복음 6:23절에서 주님은 "그 날에 기뻐하고 뛰놀라. 하늘에서 너희 상이 큼이라"고 하였습니다.

3. 성탄을 맞아 위로부터 주시는 기쁨은 어떤 기쁨이 있을까요?

(1) 아기 예수님을 만나는 기쁨이 있습니다.

누가복음 2장에 보면 "온 백성에게 비출 큰 기쁨의 좋은 소식을 너희에게 전하노라"고 했습니다. 주님이 원하시는 기쁨이 바로 이 기쁨입니다.

(2) 구원과 해방의 기쁨입니다.

시편 21:1절에 "주의 기쁨을 인하여 기뻐하노니"라고 했습니다. 주님은 우리들을 율법으로부터 해방시켜 주셨습니다. 죄악으로부터 해방시켜 주셨습니다. 더욱 중요한 것은 지옥으로부터 해방시켜 주셨고, 가장 중요한 것은 우리들을 죽음으로부터 해방시켜 주셨고, 항상 괴롭히던 사탄으로부터 해방시켜 주셨다는 것입니다.

(3) 성탄의 기쁨은 하나님의 자녀가 되는 기쁨입니다(신7:7).

하나님의 자녀가 되는 것이 왜 중요한가 하면 하나님이 모든 것을 유업으로 물려받을 수 있기 때문입니다. 자녀는 부모의 재산뿐만 아니라 그의 명예와 영광까지 물려받을 수 있습니다.

(4) 위로부터 주시는 기쁨은 열매를 맺는 기쁨입니다.

"너희가 과실을 많이 맺으면 내 아버지께서 영광을 받으실 것이요" 세상의 모든 것은 열매를 맺을 때 큰 기쁨이 있습니다. 왜 자녀를 낳을 때 기쁩니까? 사랑의 열매이기 때문입니다. 사업의 열매는 돈과 명예입니다. 더구나 성령의 열매를 맺으면 그 이상의 기쁨이 없습니다. "사랑과 희락과 화평과 오래 참음과 자비와 양선과 충성과 온유와 절제"의 아홉 가지 성령의 열매를 맺을 수 있기를 바랍니다.

(5) 주님과 동행하는 기쁨입니다.

요 15:11절에 "내 기쁨이 너희 안에 있어 너희 기쁨을 충만케 하려 함이라"고 했습니다. 우리 안에 계셔서 동행할 때 기쁨이 있다는 것입니다. 자녀는 부모와 동행할 때에 기쁨이 있고, 성도들은 목사님과 동행할 때에 기쁨이 있고, 우리 성도들은 주님과 동행할 때에 기쁨이 있습니다.

4. 참으로 항상 기뻐하는 비결은 무엇입니까?

(1) 참 기쁨, 즉 영적인 기쁨의 소유자가 되어야 항상 기뻐합니다.

육적인 기쁨이나 정신적인 기쁨이 필요한 것도 사실이지만 그것은 영원한 기쁨이 아닙니다. 영적인 기쁨, 위로부터 주시는 기쁨이 넘치기를 바랍니다.

(2) 잃은 양을 찾았을 때 참 기쁨이 있습니다(눅15:5-6).

"찾은즉 즐거워 어깨에 메고"라고 했고, "나와 함께 즐기자. 나의 잃은 양을 찾았느니라."(눅15:6) 전도하는 것이 부담이 안 되는 것이 아니지만, 그러나 잃은 양을 찾을 때의 기쁨은 전도자의 기쁨이기도 합니다.

(3) 순서가 바로 되었을 때에 우리들은 기쁨을 가질 수 있습니다.

영어로 기쁨이라는 단어는 JOY입니다. 이 말은 Jesus, Others, Yourself란 말의 약자입니다. 지금 누가 가장 앞에 있습니까? 나 자신입니까? 결코 기쁨이 없습니다. 그러나 예수님이 앞에 있고 다른 사람들을 나보다 앞에 세우면 기쁨이 넘칩니다.

(4) 날마다 자랑할 것이 있을 때에 우리들은 기뻐할 수가 있습니다.

우리들의 자랑이 무엇입니까? 바울은 참으로 자랑할 것이 많은 사람이었습니다. 그러나 그는 갈 6:14절에서 "십자가 외에는 결코 자랑할 것이 없다"고 했고, 빌 3:3절에서는 그리스도로 자랑한다고 했습니다.

종려주일을 맞는 우리의 자세

(막11:1-11)

종려주일의 유래는 예수님께 이천 년 전 오늘 예루살렘에 입성하실 때에 예루살렘 사람들이 종려나무가지를 들고 호산나(히브리어로 내가 기도하오니 구원하소서란 뜻입니다.) 찬송하리로다 하면서 찬양한 데서 비롯됩니다.

1. 종려주일은 어떤 날인가?

예수님이 공적으로 메시야로서 선포된 날입니다. 지금까지는 주님께서 제자들에게만 그가 메시야인 것을 말씀하셨습니다. 그것도 가이사랴 빌립보에서 시몬 베드로가 신앙을 고백한 이후부터입니다. 그러면서도 너희는 아무에게도 말하지 말라고 오히려 당부를 하셨던 것입니다. 마 16:20절에 "이에 제자들에게 경계하사 자기가 그리스도인 것을 아무에게도 이르지 말라 하시니라".

이것을 흔히 메시야의 비밀이라고 말합니다.

그러나 종려주일에는 그렇지 않았습니다. 그때에 예루살렘에는 2백만이 넘는 사람들이 유월절을 지키기 위해서 세계 각처에서 모여 있었습니다. 게다가 바로 얼마 전에 예수님께서 죽은 지 나흘이나 된 나사로를 살리셨다는 소문이 번져 갔기 때문에 사람들은 예수님을 기다렸던 것입니다.

바리새인들과 장로들은 온 세상이 저를 좇는 도다(요12:19) 하며 시기심이 있었고 반면에 일반 백성들은 이제야 로마로부터 해방의 날이 오는가 보다 하고 기대를 하고 있었습니다.

오늘 종려주일에 일어난 사건은 성경적으로 중요한 의미를 가집니다.

첫째는 스가랴 9:9절의 말씀이 성취되었다는 의미가 있습니다.

"시온의 딸아, 크게 기뻐할지어다. 예루살렘의 딸아 즐거이 부를지어다. 보라 네 왕이 임하나니 그는 공의로우며 구원을 베풀며 겸손하여서 나귀를 타나니……"

당시 말은 정복의 의미가 있습니다. 나귀는 겸손의 의미가 있습니다. 그런데 주님은 말을 타지 않으시고 나귀를 타고 평화의 왕으로 겸손하게 오신 것입니다.

둘째는 주님은 당나귀 하나 없이 남에게 빌려 쓸 만큼 가난했습니다.

"여우도 굴이 있고, 공중의 새도 깃들일 곳이 있으나 인자는 머리 둘 곳이 없느니라"는 말씀처럼 말입니다. 우리를 부요하게 하시기 위해서입니다. 집도 베다니의 마리아의 집에 묵을 만큼 주님은 철저하게 가난하였습니다.

2. 종려주일에 예수님께 대한 네 가지 자세.

(1) 제자들의 자세

주님께서 베다니의 맞은편 마을인 벳바게로 제자를 보내면서 나귀 새끼를 풀어서 오라고 했습니다. 그 제자들은 6절에 보면 "제자들이 가서 예수의 명하신 대로 하여"라고 했습니다. 이것이 바로 제자들의 자세입니다. 이것을 우리는 순종이라고 부릅니다. 성경에 보면 순종이 제사보다 낫다고 했습니다.

(2) 종의 자세

나귀 주인: 누가복음을 보면 제자들은 와서 주인을 찾지 않고 마치

도적처럼 나귀새끼를 풀어서 끌고 갔습니다. 그때 주인이 정중하게 물었습니다. "어찌하여 나귀새끼를 푸십니까?" 제자들이 답합니다. "예, 예수님이 나귀를 쓰시겠다고 하십니다." 그러자 주인은 나귀를 기쁨으로 내놓았습니다. 이것이 종의 자세입니다. 주인이 달라고 할 때 거절하는 종은 없습니다. 내가 여기 있사오니 나를 보내소서. 그러나 우리는 주님의 것을 가지고 내 것인 양 할 때가 얼마나 많습니까?

그러나 우리는 주인이 아니고 다만 관리자일 뿐입니다. 하나님이 필요로 하실 때에 내놓을 수 있어야 합니다.

(3) 무리들의 메시야관

무리들은 예수님께 대해서 존경을 표시했고 큰 기대를 했습니다. 왜냐하면 그들은 메시야를 기다리고 있었기 때문입니다. 그래서 누가복음 19:38절에 "기뻐하며 큰 소리로 하나님을 찬양하였다"고 했습니다. 찬양의 내용은 "호산나 다윗의 자손이여 찬송하리로다. 주의 이름으로 오시는 이여, 가장 높은 곳에서 호산나 하더라"고 했습니다.

여기서 다윗의 자손이란 말은 메시야를 부를 때 하는 말입니다. 즉 예수님을 메시야로 영접했다는 말입니다. 그리고 옷을 벗어서 길에 펴고 나귀의 등에 얹었습니다. 이것은 편하게 앉도록 하는데 있습니다. 왕으로서의 예우입니다.

그러면 이렇게 메시야로 왕으로서 예우를 했던 예수님을 왜 이 무리들은 며칠이 못되어 십자가에 못 박으라고 소리쳤을까요? 이유는 간단합니다. 무리들의 메시야관이 잘못되었기 때문이었습니다. 이것은 오늘날에도 그렇습니다. 많은 교인들이 예수님을 기복신앙적인 면에서 따르고 기뻐합니다. 그러나 예수님은 우리의 만족을 위해서 존재하는 분이 아니십니다. 우리가 주님을 위해서 존재할 뿐입니다. 오직 주님의 영광을 위해서 우리는 살아가야 할 존재입니다.

(4) 주님을 모시는 신앙

나귀에 주님을 태웠습니다. 그 하나만의 이유로 나귀는 큰 영광을 차지했습니다.

첫째는 성경에 기록되었습니다.

둘째는 예루살렘에 입성하는 특권을 누렸습니다.

셋째는 사람들에게서 호산나 하면서 찬양을 받았습니다. 그러므로 우리는 우리의 마음에 주님을 모시기 바랍니다. 그분을 태우고 그가 원하는 곳으로 가야 합니다.

3. 종려주일에 우리는 어떤 자세를 가져야 하는가?

(1) 기복적이지 않은 신앙

당시 예루살렘의 무리들처럼 들뜬 마음에서 기복적으로 좋아하고, 주님을 찬양해서는 안 됩니다.

(2) 내 것을 다 드리는 신앙

당나귀 주인처럼 내가 가지고 있는 것은 아무것도 내 것이 아닙니다. 다 주님이 필요할 때 사용할 것입니다. 언제든지 주님이 필요로 할 때에는 '마음대로 쓰십시오.' 하는 청지기의 자세를 가져야 합니다.

(3) 받드는 신앙

당나귀처럼 주님을 태우고, 주님을 모시고, 주님이 원하는 곳으로 가는 것입니다. 그러면 천국인 예루살렘에도 들어가고 찬송과 영광도 받습니다. 역사에도 남습니다.

(4) 순종하는 신앙

주님의 제자들처럼 주님의 뜻을 자세히는 모르지만 그럼에도 불구하고 순종하는 자세가 필요합니다.

저가 기도하는 중입니다

(행9:10-18)

　본문의 말씀은 바울이 하나님 앞에서 부르심을 받았을 때에 일어난 사건들을 기록한 내용입니다. 바울은 부활의 주님의 그 영광스러운 모습을 보면서 그만 육적인 시력을 상실하고 말았습니다. 사흘 동안을 전혀 보지 못하였습니다. 먹지도 못했습니다.

　바로 이때에 아나니아라고 하는 다메섹에 있는 제자가 환상을 보았습니다. 환상 중에서 주님의 음성을 듣습니다. 사울이라는 사람을 찾아서 그에게 안수기도를 하라는 계시였습니다. 그때에 아나니아가 한 말은 아니 그 사람은 예루살렘에서 주의 성도들에게 적지 않은 해를 끼치고 있다고 들었습니다. 제가 어떻게 그런 사람에게 갑니까? 하는 대답이었습니다. 그때에 주님은 한 마디로 '저가 기도하는 중입니다.'라는 말씀과 "이 사람은 내 이름을 이방인과 임금들과 이스라엘 자손들 앞에 전하기 위하여 택한 나의 그릇이라"(15절)이라는 말씀이었습니다.

1. 순종의 세 가지 이유

　왜 아나니아는 저가 기도하는 중입니다 라는 말씀을 들을 때 더 이상의 의심을 하지 않고 순순히 순종하였을까요? 거기에는 세 가지의 이유가 있기 때문입니다.

(1) 기도는 신자의 신분증이기 때문입니다.

우리가 그 사람이 살아 있는지 아닌지를 어떻게 알 수 있습니까? 그 것은 그 사람이 숨을 쉬는지 안 쉬는지를 통해서 알 수 있습니다. 마찬 가지로 교인들의 영적 생명이 살아 있는가 아닌가를 알 수 있는 것은 기도를 통해서 알 수 있습니다.

다메섹의 아나니아가 사울이란 사람을 어떻게 기독교인인지 알 수 있 습니까 하는 질문에 주님은 저가 기도하는 중입니다 라고만 대답하였습 니다. 이때에 아나니아는 더 이상 의심하지도 않았고 묻지도 않았습니 다. 왜냐하면 가장 확실한 신분증을 제시하였기 때문입니다.

(2) 기도는 문제 해결의 최고의 방법이기 때문입니다.

왜 기도의 신분증이 큰 효과를 가집니까? 우리의 기도는 천사가 금향 로에 담아서 하나님께 올라가기 때문입니다. 계시록 8:4절에 "향연이 성도의 기도와 함께 천사의 손으로부터 하나님 앞으로 올라가는지라". 이처럼 기도는 항상 믿음의 날개를 달고 다니기 때문입니다. 기도는 주 님과 동행하는 통행증이 되기 때문입니다. 그래서 다윗은 대적하는 원 수들 앞에서 나는 기도할 뿐이라고 했습니다. 그러므로 기도만큼 그 사 람의 신앙이 살아 있다는 것을 증명할 증거는 없습니다.

(3) 기도는 축복의 보증수표요 천국 창고의 열쇠이기 때문입니다.

하나님께서는 우리에게 천국 창고의 열쇠를 주셨습니다. 언제든지 필 요한 것을 창고 문을 열고 가질 수 있도록 하신 것입니다. 문제는 우리 가 이 축복의 보증수표인 열쇠를 사용하지 않는데 있습니다.

그러면 왜 기도를 하지 않습니까?

응답이 안 된다고 믿기 때문입니다. 의심을 하기 때문입니다. 그러나 우리가 기억해야 할 것은 하나님은 인간의 방법으로 응답하지 않으시고, 하나님의 방법으로 응답하십니다. 그래서 응답된 것을 우리가 깨닫지 못할 때가 종종 있습니다. 또 기도하지 않는 것은 인간적인 방법으로도 해결할 수 있다고 믿기 때문입니다. 그래서 모든 방법을 다 쓴 후에야 하나님께 나옵니다. 왜 우리가 기도하지 않습니까? 시험에 들었기 때문입니다. 사탄은 우리들에게 다른 것은 다 해도 기도만은 하지 않도록 유혹합니다. 그러므로 우리들은 사무엘 선지자가 고백한 대로 기도하기를 쉬는 죄를 범치 않도록 해야 합니다.

2. 하나님이 응답하시는 기도는 어떤 기도입니까?

우리가 일할 때 일하는 것은 우리 자신입니다. 그러나 우리가 기도할 때 일하시는 분은 하나님이십니다. 그러므로 기도는 하나님께서 일하시도록 하는 비결입니다. 그러면 하나님께서 응답하시는 기도는 어떤 기도입니까?

(1) 믿음으로 하는 기도입니다.

히 11:6절에 "믿음이 없이는 기쁘시게 못하나니 하나님께 나아가는 자는 반드시 그가 계신 것과 또한 자기를 찾는 자들에게 상주시는 이심을 믿어야 할지니라."고 했습니다. 성경에는 "무엇이든지 구하는 바를 그에게 받나니"(요일4:22)라고 약속했습니다. 또 말씀하십니다. "너는 내게 부르짖으라. 내가 네게 응답하겠고, 네가 알지 못하는 크고 비밀한 일을 네게 보이리라"(렘33:3)고 했습니다. 또 시편에는 "네 입을 열면 내가 채우리라"(시81:10)고 했습니다. 하나님의 살아 계심을 믿고, 그의 권능과 응답을 믿고 구하면 주십니다.

(2) 감사함으로 드리는 기도입니다.

빌 4:6절에 "너희 구할 것을 감사함으로 하나님께 아뢰라"고 했습니다. 감사의 기도는 과거에 응답을 다시 생각하면서 기도하는 자세입니다.

(3) 진실된 기도입니다.

하나님은 외식된 기도는 외면하십니다.

(4) 끈기와 간절함의 기도입니다.

기도를 드릴 때 간절하지 못하고, 무성의하게 하는 경우가 많습니다. 하나님은 간절한 기도를 응답하십니다. 누가복음 18장에 보면 어떤 과부가 원한을 풀어달라고 끈질기게 요구를 한 예를 말씀하였습니다. 재판장은 냉대를 하였지만, 그러나 끈질기에 찾아가자 나중에는 귀찮아서 들어주었다는 내용입니다

성경에는 기도라는 말이 280번이 넘게 나오는데 모든 위대한 인물들은 다 기도의 사람들이었습니다. 어떻게 보면 기독교의 역사는 기도하는 사람들의 역사입니다.

승리하기 위한 준비

(행4:23-31)

1. 준비의 중요성

승리하는 사람들을 보면 평소에 힘을 길러두고, 준비에 철저한 것을
볼 수 있습니다. 미국의 아브라함 대통령은 대통령이 되기 전에 항상
공부하면서 기회가 올 때를 위해서 준비한 사람으로 유명합니다. 그러
므로 준비는 바로 성공의 기초요 기본입니다.

그러면 준비가 무엇입니까? 미리 아는 것이 준비입니다.

2. 준비해야 할 것 다섯 가지

(1) 먼저 기도부터 준비해야 합니다.

왜냐하면 하나님의 뜻이 무엇인지 알아야 하기 때문입니다. 24절에
보면 "저희가 듣고 일심으로 하나님께 소리를 높여 가로되"라고 했습니
다. 먼저 기도부터 하였다는 것입니다. 당시 사도들이 관원들에게 잡혀
서 고난을 당했습니다. 그럴 때 저들은 기도부터 했습니다. 우리들은
무슨 일을 당하면 먼저 할 것은 기도입니다. 감사의 기도든지 회개의
기도든지 먼저 기도부터 해야 합니다.

기도하면 하나님께서 반드시 주십니다. 초대교인들은 세 가지의 복을
받았습니다.

첫째로 모인 곳이 진동하였다고 했습니다.

둘째로 성령의 충만을 받았습니다.

셋째로 담대함을 얻어 가는 곳마다 복음을 전했습니다.

우리들에게도 기도하면 하나님께서 세 가지로 응답해 주십니다.

첫째로 그래 주마

둘째로 좀 기다려라

셋째로 안 된다. 그것은 너에게 해롭다.

언제까지 우리가 기도합니까?

31절의 말씀처럼 진동의 역사가 나타날 때까지 기도해야 합니다.

어떤 진동의 역사입니까?

먼저 입이 진동합니다, 우리의 몸이 진동합니다, 우리의 가정이 진동합니다. 중요한 것은 교회가 진동합니다. 지금 교회가 사는 길은 성도들 하나하나가 진동의 역사가 나타나서 성령의 이끌림을 받아야 합니다.

(2) 하나님을 만날 준비를 해야 합니다(암4:12)

아모스 선지자는 "네 하나님 만나기를 예비하라"고 했습니다. 이유는 두 가지입니다.

첫째는 주님의 재림의 때가 점점 가까이 오고 있기 때문입니다. 주후 2000년은 오래 전부터 신학자들이 예수님의 재림의 때로 거론되었습니다. 그러나 아직은 아닙니다. 이유는 두 가지입니다.

첫째는 "복음이 땅 끝까지 전파되리니 그제야 끝이 오리라"고 했기 때문입니다. 만약 주후 2000년에 주님이 재림하신다면 북한에 있는 모든 영혼들과 복음을 한 번도 듣지 못한 사람들의 영혼이 너무 불쌍하기 때문입니다.

둘째는 마태복음 24:32절에 "무화과나무의 비유를 배우라. 그 가지가 연하여지고, 잎사귀를 내면 여름이 가까운 줄을 아나니"라고 했기 때문입니다. 물론 1948년 5월 14일에 이스라엘은 잎 사귀를 내었습니다. 독립을 했습니다. 그러나 성전이 재건되지 않았고, 또 로마서에 예언된 이스라엘이 하나님께로 돌아오는 운동이 아직 일어나지 않았기 때문입니다.

다음은 개인적인 종말을 위해서입니다. 개인적인 종말은 순서도 없고, 언제 어디서 일어날지 모르기 때문입니다. 세상에 올 때는 순서가 있습니다. 할아버지, 어버지, 나 아들……. 질서가 있습니다. 그러나 갈 때는 순서가 없습니다. 누구든지 부르시면 가야 합니다. 그러므로 우리는 항상 하나님 만날 준비를 해야 합니다.

(3) 축복을 받기 위해 그릇을 준비해야 합니다.

그릇을 준비하는 방법은 두 가지밖에 없습니다. 하나는 찬양이요 다른 하나는 기도입니다.

(4) 성령의 충만은 가장 중요한 준비입니다.

세상일은 성령 충만을 받지 않고도 할 수가 있습니다. 그러나 하나님의 일은 성령으로 하지 않고는 아무 것도 할 수 없습니다. 하는 것 같지만 하나님의 일을 방해할 뿐입니다. 우리가 성령 충만함을 받지 않으면 우리는 다 주의 일을 방해할 수밖에 없습니다.

성령 충만이란 말은 그리스도로 충만하다는 뜻이요 말씀으로 충만하다는 뜻이요 하나님의 통치를 전적으로 받는다는 뜻입니다.

누가 성령의 충만함을 받을 수 있습니까? 먼저 사슴이 시냇물을 찾으려고 갈급함같이 갈급해야 합니다. 그러나 중요한 것은 그 동기가 순수해야 합니다. 단순한 체험을 위해서가 아니라 주님의 일을 하기 위해서 성령 받기를 사모해야 합니다. 다음에는 믿음으로 성령 받기를 갈구해야 합니다. "너희가 악할지라도 자식에게 좋은 것을 줄줄 알거든 하물며 하늘에 계신 네 아버지께서 구하는 자에게 성령을 주시지 않겠느냐?" 믿음과 기도의 두 날개는 우리들로 하여금 영적인 세계로 훨훨 날 수 있게 해줍니다.

다음으로 중요한 것은 오순절의 다락방에서처럼 말씀을 들으면서 순종하면서 함께 기도해야 합니다. 말씀이 있는 곳에 성령은 역사합니다. 순종이 있는 곳에 하나님의 놀라운 역사가 나타납니다.

(5) 복음 전도의 준비입니다(롬1:15).

주님의 재림은 복음 전도가 이루어질 때 임하기 때문에 우리는 복음 전도를 준비해야 합니다. 땅 끝가지 복음을 전해야 합니다. 어디가 땅 끝입니까? 복음이 전파되지 않은 곳이 바로 땅 끝입니다. 그러므로 내 가정이 땅 끝일 수도 있습니다. 그곳에 복음을 전할 준비를 해야 합니다.

3. 준비한 자에게 주시는 하나님의 축복은?

하나님은 철저한 준비를 하십니다. 요나서에 보면 요나의 도망을 위해서 배를 준비하셨고, 제비를 뽑도록 하였습니다. 큰 물고기 까지 준비하였습니다.

(1) 가죽 옷을 준비하십니다(창3:21).

가죽 옷은 아담과 하와를 위해 준비하신 것입니다. 이것은 하나님께서 아담과 하와를 위하여 번제를 드리셨다는 뜻입니다. 그래서 우리는 은혜로 구원받는다는 것을 믿고 고백합니다.

(2) 준비한 그릇 만큼 복을 주십니다.

성경에는 어떤 사람에게는 다섯 달란트, 또 어떤 사람에게는 두 달란트, 또 어떤 사람에게는 한 달란트를 주신다고 했습니다. 주시는 분은 하나님이시고, 그 분량도 하나님이 정하신다는 것입니다. 그러나 나머지 것은 우리의 준비의 양에 따라 분량이 정해집니다. 따라서 그릇을 준비하는 것은 우리의 몫이고, 우리가 해야 할 분량입니다

(3) 하나님의 하시는 구원사역에 참여케 합니다.

세상에는 세 종류의 사람들이 있습니다.

첫째는 사탄의 방해 사역에 참여하는 사람들이 있습니다.

둘째는 하나님의 구원사역에 참여하는 사람이 있습니다.

셋째는 중간에서 구경이나 하려고 하는 사람들이 있습니다.

그러나 이런 사람들은 아무 편에도 서지 않다가 결국은 사탄의 유혹에 넘어갑니다. 그러므로 우리는 하나님의 편에 서서 그의 구원사역에 참여한다면 이것은 인간이 가질 수 있는 최고의 행복입니다.

(4) 천국 잔치에 참여합니다.

이 땅에서는 하나님의 능하신 통치에 참여하게 되고, 죽은 뒤에는 어린양의 혼인잔치에 참여하는 복을 얻게 됩니다. 이것은 인간이 누릴 수 있는 최고의 복입니다. 기쁨과 보람과 성취의 행복이 동시에 이루어지는 잔치입니다.

(5) 준비하지 못한 사람들에게 나누어 줄 수 있도록 준비합시다.

우리에게는 나누어줄 것이 많이 있습니다. 생명이 있고, 건강이 있고, 직장이 있고, 주님을 믿는 신앙이 있고, 그리스도의 사랑이 있고, 천국이 있습니다. 무엇보다 복음의 소식을 줄 수 있습니다.

큰 은혜를 얻어

(행4:32-35)

1. 우리는 다 하나님의 큰 은혜를 얻어야 합니다.

왜냐하면 하나님의 큰 은혜를 얻어야 우리들이 가지고 있는 모든 문제를 해결할 수 있고, 성공할 수가 있고, 행복할 수가 있고, 주님의 일을 할 수 있기 때문입니다. 생각해 보면 이 세상에 태어나는 것이 하나님의 은혜요, 호흡을 하면서 살아가는 것이 하나님의 은혜요, 구원받은 것이 하나님의 은혜요, 성공하는 것이 하나님의 은혜요, 심지어 죽는 것도 하나님의 은혜입니다.

아브라함의 성공도 하나님의 은혜요, 이삭이나 야곱이 성공한 것도 다 하나님의 큰 은혜였습니다. 요셉이 애굽의 총리대신이 된 것도 하나님의 은혜요, 모세가 하나님 앞에 쓰임 받은 것도 하나님의 은혜였습니다. 세상에 그 무엇도 하나님이 은혜 없이는 할 수 있는 것이 하나도 없습니다.

은혜의 뜻이 무엇입니까?

헬라어로 카리스라는 말입니다. 이 말은 거저 준다는 뜻입니다.

은혜란 본래 헬라 사람들의 인사였습니다. 그들은 여러 나라를 점령하고, 군인들을 통해서 많은 전리품을 가지고 돌아왔습니다. 그것을 가족들과 친척들과 다른 사람들에게 나누어 주었습니다. 공짜로 나누어 주었습니다. 여기서 은혜라는 말이 유래되었습니다.

이 말씀은 우리가 의롭다 함을 받는 것이 율법을 지킴으로가 아니고, 우리의 선행으로 되는 것도 아니고, 우리가 아무 것도 한 것이 없는데 하나님께서 값없이 그냥 우리들을 의롭게 만드시고, 의롭다고 선포해주시고, 천국 백성을 만들어 주셨다는 뜻입니다.

2. 하나님은 참으로 은혜가 풍성하신 분입니다.

바울은 "나의 나 된 것은 하나님의 은혜로 된 것이니"(고전15:10)라고 고백했습니다. 그렇습니다. 모든 것이 다 하나님의 은혜입니다.

성경은 우리들에게 선포합니다. "하나님이 능히 모든 은혜를 너희에게 넘치게 하시나니 이는 너희로 모든 일에 항상 모든 것이 넉넉하여 모든 착한 일을 넘치게 하게 하려 하심이라"(고후9:8). 그냥 겨우 사는 것이 아니라 우리의 삶에 은혜를 넘치게 한다고 했습니다.

3. 하나님의 은혜를 받는 비결은 무엇일까요?

(1) 하나님을 사랑하고 하나님의 말씀을 지키는 것입니다.

신명기 5:10절에 "나를 사랑하고 내 계명을 지키는 자에게는 천대까지 은혜를 베푸느니라"고 하였습니다.

(2) 하나님께 피하는 자가 큰 은혜를 받습니다.

시 31:19절에 "주를 두려워하는 자를 위하여 쌓아 두신 은혜 곧 인생 앞에서 주께 피하는 자를 위하여 베푸신 은혜가 어찌 그리 큰지요"라고 했습니다.

민수기에 보면 하나님께서 6개의 도피성을 만들어 주셨습니다. 실수로 살인한 자들이 살 수 있는 길을 만들어 주기 위해서입니다. 그러나 참 도피성은 예수님이십니다. 오직 하나님만이, 오직 주님만이 우리의 피난처입니다.

(3) 예수 그리스도를 믿고 순종하는 것입니다.

성경은 말합니다. "율법은 모세로 말미암아 주신 것이요, 은혜와 진리는 예수 그리스도로 말미암아 온 것이라"(요1:17).

예수님을 믿으시기 바랍니다. 예수님을 따르시기 바랍니다. 예수님을 의지하시기를 바랍니다. 믿는다는 말은 꼭 붙잡는다, 의지한다, 내어맡긴다는 뜻입니다. 그러면 모든 일에 하나님의 은혜가 풍성하여질 것입니다.

우리가 은혜를 받는 것은 오직 예수님뿐입니다. 예수님 외에는 누구도 우리에게 은혜를 주지 못합니다. 그러므로 은혜를 받으려면 주님께 나아가야 합니다. 은혜를 받지 못한 것은 주님께 나오지 않기 때문입니다.

4. 은혜를 받은 자의 삶은 어떠해야 합니까?

(1) 은혜를 베푸신 분을 기쁘게 해드려야 합니다.

하나님의 일에 동참할 때 하나님은 영광을 받으시고 기뻐하십니다. 그런데 사람들은 자신의 뜻을 이루고 자신의 기쁨을 원합니다. 그러나 나의 기쁨은 하나님을 기쁘게 해드릴 때에 주어지는 부산물입니다. 주님의 일을 할 때에 주시는 부산물인 것을 알아야 합니다.

(2) 받은 은혜를 나누어야 합니다.

아브라함에게 은혜를 베푸시면서 너는 복의 근원이 될지어다 라고 하였습니다. 여기에는 두 가지의 뜻이 있습니다.

첫째는 장차 후손 중에 예수 그리스도가 나타나서 세상을 구원하실 것을 예언한 것입니다.

둘째는 하나님의 소명의 목적을 말씀해 주신 것입니다. 우리들로 복음을 전하고 약한 자들을 돌보게 하기 위해서입니다.

(3) 맡은 자라는 사명감을 가지고 충성을 다해야 합니다(고전4:1-2).

왜냐하면 맡은 자에게 구할 것은 충성이라고 했기 때문입니다. 사명
감은 은혜를 깨달을 때 함께 옵니다. 은혜를 깨닫기 전에는 사명감이
오지 않습니다. 또 충성은 사명감에서 옵니다. 그러므로 우리는 하나님
의 은혜를 먼저 깨달아야 합니다. 그리고 사명감을 가지고 모든 일에
임해야 합니다.

(4) 항상 감사하고, 찬송하는 삶을 살아야 합니다.

받은 은혜를 잊지 말아야 하고, 남에게 은혜를 베풀 때에는 그것을
기억하지 말아야 합니다. 우리가 참으로 하나님의 더 큰 은혜를 받으려
면 항상 감사하고, 찬송하는 삶을 살아야 합니다.

(5) 주님의 지체가 되어 섬기는 삶을 살아야 합니다.

하나님이 기뻐하시는 것은 우리들이 주님과 하나가 되는 것 즉, 지체
가 되는 것입니다. 주님의 입이 되어 전도하고 축복하며, 주님의 손이
되어 사랑을 베풀고 섬기는 것입니다.

맺는 말

우리는 딤후 1:6절의 말씀처럼 하나님의 은사를 불 일듯 하게 하여
야 합니다. 아무리 많이 먹어도 시간이 지나면 배가 고프듯이 하나님의
은혜도 계속하여 받지 않으면 침체되고 맙니다.

하나님의 은혜를 방해하는 장애물이 있습니다.

첫째는 사탄이요

둘째는 세상이요

셋째는 우리의 차지도 덥지도 않은 미지근함입니다.

떠나지 말고 기다리라

(행1:1-5)

1. 이 말씀을 주신 배경은?

사도행전을 성령행전이라고 부릅니다. 사도행전을 영어로 Acts라고 부르는 것은 사도들의 행적을 중심으로 기록하였기 때문입니다. 오늘 본문은 예수님을 따르는 사도들에게 주신 떠나지 말고, 기다리라고 하신 말씀입니다

당시에는 예수님의 부활에 대하여 환상적으로 나타난 것이 아니냐? 어떻게 죽은 사람이 다시 살 수 있다는 말이냐? 하는 가현설이 퍼져 있었습니다. 그래서 주님은 40일 동안이나 제자들과 음식도 드시고, 가르치시고 하셨습니다. 그리고 마지막에 이들에게 분부하신 말씀이 떠나지 말고 기다리라는 말씀입니다.

2. 주님은 제자들에게 떠나지 말 것을 분부하셨습니다.

(1) 하나님을 떠나지 말아야 합니다.

왜냐하면 하나님은 우리의 생사화복의 근원이시기 때문입니다. 하나님은 우리의 삶의 중심이고, 목적이고, 시작이기 때문입니다. 우리를 창조하시고 그의 형상대로 우리를 빚으셨습니다. 하나님을 떠난다는 것은 물고기가 물을 떠나는 것과 같습니다.

하나님을 떠나지 않는다는 것은 하나님의 말씀을 떠나지 않는다는 것

입니다. 하나님의 말씀은 항해할 때의 나침판과 지도와 같습니다.

중요한 것은 성경 말씀이 우리의 모든 것을 재는 자, 저울이 되어야 합니다. 우리의 가치관의 표준이 되어야 합니다. 가정생활과 대인관계와 사회생활에 있어서 구체적으로 표준이 되어야 합니다.

(2) 교회를 떠나지 말아야 합니다.

본문의 예루살렘은 교회를 말하는 것입니다. 당시에 예루살렘에 머무는 것은 대단히 위험하였습니다. 그러나 성령 충만함 없이 예루살렘을 떠나는 것은 전도도 할 수 없고, 봉사를 할 수도 없기 때문에 아무런 의미가 없습니다. 복음 사역은 성령의 충만 없이는 불가능하기 때문입니다. 먼저 능력을 받아야 합니다. 성령이 임할 때 권능을 받기 때문입니다.

(2) 양심을 떠나지 말아야 합니다.

양심이란 도덕적으로 옳고 그른 것을 구별하는 능력을 말합니다. 이 양심은 하나님께서 인간을 창조할 때에 하나님이 형상대로 만드셨는데 이때에 주셨습니다. 그러나 아담과 하와가 선악과를 따먹은 후에는 이 양심이 무디어지고, 굳어지고, 마비가 되어졌습니다. 그래서 이제는 양심(良心)이란 말이 양심(兩心), 즉 두 양자, 마음 심자 두 개의 마음으로 변질되었습니다.

그러나 그래도 사람만이 양심이란 것이 있습니다. 이 양심은 하나님의 음성이요, 사람 안에 있는 옳고 그른 것을 판단하는 유일한 능력입니다. 이 양심의 소리를 떠나서는 안 됩니다.

그러면 양심의 기능은 무엇입니까?

첫째로 죄를 깨닫게 합니다(요8:9)

둘째로 율법의 행위를 밝혀줍니다.

셋째로 선한 일이 무엇인가를 보여줍니다.

초대교회에서는 깨끗한 양심을 가진 자에게 직분을 주었습니다. 이것은 중생한 양심을 의미하는 것입니다. 그래서 신앙양심이라는 말을 사용합니다.

(4) 믿음을 떠나지 말아야 합니다.

참 믿음은 성령께서 주시는 선물입니다. 이 믿음은 세상의 그 무엇보다도 귀한 것입니다. 믿음을 통하여 의롭게 되고, 구원받게 되고 하나님께 나아갈 수 있고 하늘나라의 기업을 얻을 수 있기 때문입니다. 이 믿음은 우리가 가질 수 있는 최고의 선물입니다.

3. 주님은 기다리라고 했습니다.

하나님은 기다리는 자에게 복을 주시고 성령을 주십니다.

그러면 무엇을 기다려야 합니까?

1) 기다리지 못하여 망한 사람들이 있습니다.

첫째로 아브라함입니다. 하나님께서 아들을 주시겠다고 약속하셨습니다. 그런데 아브라함은 10년밖에 기다리지 못하고 사라의 부탁으로 하갈을 첩으로 삼아 아들을 낳았습니다. 그 결과 오늘날에 이르기까지 이스라엘은 아랍과의 싸움이 계속되고 있습니다.

둘째로 야곱입니다. 야곱은 큰 자가 어린 자를 섬기리라는 예언 속에 태어났습니다. 때를 기다리면 하나님께서 다 해주실 텐데 기다리지 못해서 인간적인 방법으로 빨리 장자권을 받으려고 팥죽으로 속이고 축복을 도적질하고 마침내 라반의 집에 가서 20년을 고생하였습니다. 하나님의 때를 기다리지 못해서 일어난 사건입니다.

셋째로 사울 왕의 경우입니다. 삼상 13장에 보면 블레셋과 전쟁이 있
 었을 때였습니다. 이스라엘은 전쟁 전에 반드시 하나님께 제사
 를 드리고 싸웠습니다. 사무엘 선지자가 길갈에서 이레를 기다
 렸으나 사무엘 선지자가 오지 않으니까 성급하게 자기가 번제
 를 드렸습니다. 그때에 사무엘이 왔습니다. 사무엘은 왕이 망
 령되이 행하였도다 왕의 나라가 길지 못할 것이라고 하였습니
 다.

(2) 우리는 무엇을 기다릴 것인가?

첫째로 성령의 강림을 기다려야 합니다. 왜냐하면 성령의 강림 없이
 는 아무것도 할 수가 없기 때문입니다. 성령이 임하실 때 우리
 는 능력을 받아서 주의 일을 할 수 있기 때문입니다.

둘째로 하나님의 은혜와 긍휼을 기다려야 합니다. 우리의 소망은 하
 나님의 긍휼밖에는 없기 때문입니다. 로마서에 보면 바울의 간
 증이 나옵니다. 바울은 그가 사도가 된 것이 하나님의 은혜라
 고 했습니다(롬1:5). 의롭다 함을 받은 것도 하나님의 은혜라고
 했습니다(롬3:24). 그래서 바울은 은혜중심의 선교와 은혜 중심
 의 목회를 했습니다.

셋째로 하나님의 나라를 기다려야 합니다. 초대교회 성도들은 날마다
 하나님의 나라를 기다렸습니다. 물론 하나님의 나라는 금방 임
 하는 것은 아닙니다. 그러나 기다려야 합니다. 기다릴 때 하나
 님은 소망을 주시고 기쁨을 주십니다.

넷째로 하나님의 축복과 영광이 나타나기를 기다려야 합니다. 아브라
 함의 경우 25년을 기다리지 못하여 결국 인간적인 방법이 동
 원되었습니다. 예수님의 제자들이 사흘을 기다리지 못하여 고
 기 잡으러 갔고, 주님을 떠났습니다.

어떻게 기다려야 합니까?

기도하면서 기다려야 합니다. 하나님의 뜻을 기다리면서 기다려야 합니다, 믿음으로 기다려야 합니다. 기다리지 않는 기도는 참 기도가 아닙니다. 기다릴 때 하나님의 나라가 임합니다. 기다릴 때 축복의 소낙비가 임합니다.

오직 성령이 너희에게 임하시면

(행1:6-8)

1. 왜 성령의 임하심을 강조하셨는가?

성령받는 것과 성령의 충만은 하나님의 명령이기 때문입니다(엡5:18).
왜 이 명령을 주셨는가? 그것은 성령받지 않고는 믿을 수 없고, 성령
충만하지 않고는 승리할 수 없고, 성령 충만하지 않고는 주의 일을 할
수 없고, 성령 충만하지 않고는 열매 맺는 삶을 살 수가 없기 때문입니
다. 다른 말로 하면 기독교인이 된다는 것은 바로 성령을 받는 데서 시
작하여 성령 충만으로 이어집니다.

본문에는 성령이 임하시면 권능을 받는다고 하였습니다. 권능이란 영
어의 다이너마이트와 같은 의미입니다. 다이너마이트 같은 권능은 성령
을 받을 때 임합니다. 그래서 성령을 강조하신 것입니다.

2. 성령이 임하시면 어떤 변화와 어떤 역사가 일어나는가?

(1) 우리들을 하나님의 자녀가 되게 합니다.

불신앙과 불순종하는 사람에게 회개하는 마음을 주십니다. 그래서 죄
악의 길에서 돌이키게 합니다. 우리의 심령에 성령이 다가오시면 지금
까지 살아온 죄 된 것을 회개하게 됩니다. 전에는 깨닫지 못했던 것을
깨닫게 해줍니다. 성령 받고 나니 죄인인 것을 깨닫게 되는 것입니다.
우리는 이성적인 생각과 눈으로는 죄인인 것을 깨달을 수가 없습니다.

자신을 합리화하고, 잘난 척할 뿐입니다.

(2) 성령이 우리 영혼 속에 내주할 때

성령이 우리의 영혼 속에 내주 하셔서 날마다 죄악을 이기고, 세상을 이기고, 자신을 이기는 삶을 살게 합니다. 육체의 욕심을 이기게 합니다. 사실 내가 아무리 몸부림쳐도 바울이 고백한 대로(롬7:24) 내가 원하는 삶을 살 수가 없습니다. 그러나 성령이 임하시면 이기는 삶을 살게 됩니다.

성령이 임하시면 세 가지 역사가 금방 나타납니다.

첫째로 보이게 임합니다. 진리가 훤하게 보이고, 영의 세계가 보입니다.

둘째로 뜨겁게 합니다. 가슴에 뜨거운 불처럼 열심히 생깁니다. 결코 진리에 대하여 하나님과 교회에 대하여 냉랭하지 않습니다.

셋째로 태웁니다. 죄를 토해 내고, 죄를 태우는 역사가 나타납니다. 중요한 것은 성령이 임하시면 이처럼 환하게 밝혀주고, 뜨겁게 하고, 태워서 우리로 하여금 승리하게 한다는 사실입니다.

(3) 권능을 받아 전도하는 일을 하게 합니다.(행1:8)

전도는 성령을 받아 권능이 임할 때 할 수 있습니다.

(4) 율법과 죄악에서 해방되면 자유함을 받게 됩니다.

우리는 예수님을 믿는다고 하지만 사실은 얽매어 살고 있습니다. 습관에 얽매이고, 율법에 얽매이고, 이해관계에 얽매이고, 정에 얽매이고, 그래서 엄밀한 의미에서 자유로운 삶이 되지 못합니다. 그러나 성령이 임하시면 우리는 새 장에 얽매여 있던 새가 하늘로 훨훨 날듯이 참 자유와 해방을 얻게 됩니다.

(5) 참된 영광을 얻게 됩니다.

성령을 따라 사는 사람은 헛된 꿈을 구하지 않습니다. 하나님의 영광을 바라보고 기뻐합니다. 그래서 마침내 영원한 영광을 얻게 합니다. 본래 영광이란 하나님께만 속한 것입니다. 그러므로 참된 영광은 하늘로 임하고, 하나님만이 주실 수 있습니다. 그러나 하나님께 속한 자에게 주시는 선물이 바로 영광입니다. 그런데 많은 사람들은 하나님 없이 이 영광을 얻으려고 하니까 문제가 생깁니다.

(6) 성령의 열매를 맺게 합니다(갈5:22-23).

성령의 열매는 아주 많습니다. 그 중에 중요한 것은 갈라디아서에 나오는 아홉 가지입니다. 사랑과 희락과 화평과 오래 참음과 자비와 양선과 충성과 온유와 절제입니다.

3. 어떻게 해야 성령의 충만을 받을 수 있나?

(1) 겸손해야 받습니다.

물은 낮은 곳으로 흐르듯이 성령도 낮은 곳으로만 흐릅니다. 겸손은 기독교의 시작이요 출발입니다. 겸손해야 예수를 믿게 되고, 겸손해야 성령을 받습니다.

무엇이 겸손입니까?

내 힘으로는 믿는 것도, 주의 일도, 열매도 맺을 수 없습니다. 주여 내게 성령을 부어주소서 하고 기도하는 사람이 겸손한 사람입니다.

(2) 회개해야 합니다.

회개란 토해내는 것입니다. 마치 불량 음식을 먹고 난 뒤에 배탈이 날 때 토해내듯이 죄악을 토해내는 것이 회개입니다

(3) 성령을 소멸치 말아야 합니다.

살전 5:19절에 "성령을 소멸치 말며"라고 했습니다. 성령의 음성에 귀를 막으면 성령이 소멸됩니다. 성령 받는 방법을 무시하면 성령이 소멸케 됩니다. 부정적인 신앙으로는 성령이 소멸 할 수밖에 없습니다.

(4) 믿어야 성령을 받습니다.

사도행전에 보면 120문도가 성령을 받은 것은 주님의 약속을 믿고 예루살렘을 떠나지 않고, 믿고, 기다리고 있었을 때입니다. 성령은 오직 믿는 모든 사람들에게 임하십니다. 지금도 우리가 믿으면 다 성령을 받습니다.

우리의 불신앙과 하나님의 약속

(롬3:1-8)

1. 바울의 신앙

바울이 믿음으로 구원을 받는다는 교리를 가르쳤을 때에 유대인들이 이런 반문을 하였습니다. 그러면 유대인의 나음이 무엇인가? 나음이 없다면 선민이란 것이 아무런 의미도 없고 또 유대인으로 태어나 할례를 받은 것이 무의미하지 않은가?

이런 질문과 비판에 대해서 바울은 2절 이하에서 이렇게 답합니다. "범사에 많으니"하고 답변하면서 구체적으로 말합니다. 첫째로 구약성경을 가지게 된 것이 특혜라고 하였습니다. "첫째는 저희가 하나님의 말씀을 받았음이니라" 그러자 유대인들은 3절에서 바울의 대답을 비판합니다. 아니 믿음으로만 구원을 받는다면 하나님의 언약을 받은 유대인들은 어떻게 되는가? 결국 하나님의 약속은 공수표로 끝나지 않는가? 이런 비판에 대해서 바울을 유대인들이 안 믿는다고 해도 하나님의 미쁘심을 폐할 수는 없다. 하나님의 계획은 유대인들의 불신앙에 관계없이 성취될 것이라고 하였습니다. 그래서 4절에서 "하나님의 미쁘심을 폐하겠느뇨? 그럴 수 없느니라. 사람은 다 거짓되되 오직 하나님은 참되시다 할지어다."라고 선언합니다.

오늘 이 말씀 속에서 우리는 두 가지를 깨달아야 합니다.

(1) 미쁘신 하나님

하나님은 미쁘신 분이시다. 다시 말하면 충실히 그의 약속을 이루어 가시는 분이시다란 것입니다.

(2) 약속을 버리지 않으심

하나님은 절대로 그의 약속을 버리지 않고 성취하십니다. 믿습니까?

2. 인간의 불신과 하나님의 약속은 어떤 함수관계를 갖는가?

(1) 인간의 공통적 착각

첫째로 인간이 가지는 공통적인 잘못은 인간의 불신으로 인해서 하나님의 약속은 이루어지지 않는다는 것입니다. 아무리 하나님이 인간을 구원하려고 해도 우리가 안 믿고 안 받아들이면 결국 하나님의 약속은 이루어지지 않을 것이란 착각입니다.

(2) 하나님을 심판하는 사람들

둘째로 창조자인 하나님이 인간을 심판하시는 것이 아니라 피조물인 사람들이 하나님을 심판하고 있다는 점입니다. 하나님이 존재하느냐 안 존재하느냐? 하나님이 참되냐 거짓되냐? 또 하나님의 말씀을 이러쿵저러쿵 판단하는 것입니다. 그러나 알아야 할 것은 마지막 시간에 하나님은 판단하는 사람들을 심판한다는 사실입니다.

3. 유대인들의 또 다른 비판

유대인들은 또 다른 비판을 합니다. 하나님이 인간을 심판한다면 그것은 하나님의 사랑에 어긋난다는 것입니다. 그래서 5절에 유대인들은 "진노를 내리는 하나님이 불의하시다"고 비판했습니다. 이에 대해서 바울은 6절에서 "결코 그렇지 아니하니라"고 대답합니다. 또 어떤 사람들은 이렇게 합리화시킵니다. 인간이 믿지 아니함으로 하나님이 사랑을 베푸실 기회가 생겼으니 우리의 불신앙이 오히려 더 하나님의 영광을 드러낸 것이 아니냐? 비슷한 예로 가룟 유다가 없었다면 예수님은 십자가에 못 박히시지 않았을 것이고 그렇다면 구원사역은 없었을 것이 아니냐? 그렇다면 가룟 유다야 말로 구속사역의 공로자라는 억지와 같은 것입니다.

이런 비판에 대하여 바울은 답합니다.

첫째로 4절에 그럴 수 없느니라.

둘째로 "하나님은 참되시다"

셋째로 그런 논쟁은 자가당착이란 것입니다.

내가 죄 됨으로 인해서 하나님의 선하심이 더욱 나타났으니 나의 죄 됨이 오히려 하나님의 자비를 나타내는 공헌을 한 것이라는 것은 모순이란 것입니다. 가룟 유다의 공헌설과도 같은 억지인 것입니다. 왜냐하면 이런 주장은 하나님은 사랑이시기 때문에 심판할 수 없다는데 근거하고 있습니다. 그러나 이것은 하나님의 사랑을 잘못 알고 있는 것입니다. 하나님은 맹목적인 사랑을 하고 있는 것이 결코 아니기 때문입니다.

바울은 이런 비난에 대하여 7-8절에서 이렇게 반문합니다. "그러나 나의 거짓말을 하나님의 참되심이 더 풍성하여 그의 영광이 되었으면 어찌 나도 죄인처럼 심판을 받으리요? 그러면 선을 이루기 위하여 악을 행하자 하지 않겠느냐?"

하나님의 사랑은 공의로운 사랑이십니다. 그래서 하나님은 이 두 가지를 다 만족시키기 위해서 독생자를 보내주신 것입니다. 믿습니까?

4. 하나님의 약속은 반드시 이루어진다

우리가 불신해도 하나님의 약속은 반드시 이루어진다는 사실을 우리는 기억해야 합니다. 그의 예정대로 모든 것을 이루어 가시기 때문입니다. 그렇다면 우리가 믿어도 그만 안 믿어도 그만이란 말입니까? 아닙니다. 우리가 믿고 하나님께 순종하면 복을 받을 것입니다. 하나님의 그릇으로 쓰임을 받을 것입니다. 하나님께 큰 영광이 될 것입니다.

그러나 우리가 불신해도 하나님은 다른 방법으로 그의 뜻을 이루어 가실 것입니다. 하나님의 미쁘심에는 변함이 없습니다. 그러나 우리의 운명과 결과에는 완전히 다른 결과를 가져올 것입니다. 그러므로 우리는 논리와 철학과 학문으로 하나님께 대항하는 어리석음을 범하지 말아야 할 것입니다.

그러므로 우리는 불신하는 자가 되지 말고 믿는 자가 되어야 합니다. 하나님의 미쁘심을 믿으시기 바랍니다. 하나님은 어제나 오늘이나 영원토록 변함이 없는 분이십니다. 하나님의 사랑을 믿으시기 바랍니다. 하나님이 우리를 돌보고 계심을 믿으시기 바랍니다.

율법의 마침이 되신 주님

(롬10:4)

하나님께서는 우리들을 구원하시기 위해서 크게 두 가지의 중요한 도구를 사용하시는데 하나는 율법이요 다른 하나는 복음입니다. 흔히 구약을 율법으로, 신약을 복음으로 요약하여 말하지만 구약에도 복음이 있고, 신약에도 율법이 있습니다. 그러므로 신구약 성경을 그렇게 구별하는 것은 단순화에 빠질 위험성이 있습니다. 오늘은 율법의 마침이 되신 주님에 대해서 살펴보면서 함께 은혜를 나누려고 합니다.

1. 먼저 율법이 무엇이며 그 역할은 무엇인가?

율법이란 히브리어로 '토라'라고 하는데 본래의 뜻은 권위 있는 훈계란 뜻입니다(잠1:8). 다시 말하면 선지자나 제사장이나 모세와 같은 하나님의 대변인을 통해서 전달된 하나님의 말씀을 말합니다. 좁게는 십계명을 말하지만 일반적으로는 모세의 오경을 뜻하였습니다. 이 율법은 세 가지의 역할을 합니다.

첫째는 율법은 그리스도에게로 인도하는 몽학선생이 됩니다.

둘째는 죄를 분별케 하여서 회개를 깊게 합니다. 이것을 율법의 이대 역할이라고 합니다. 루터가 깨달은 진리였습니다. 여기에 칼뱅은 한 가지를 덧붙였습니다. 그것이 바로 율법의 세 번째 역할입니다. 즉 하나님의 뜻을 알게 해줍니다. 율법은 '보면 하라, 하지 마라'의 형태로 되어 있는데 하라는 율법은 그것을 하나

님이 기뻐하신다는 뜻이고, 하지 말라는 율법은 하나님이 싫어
하신다는 뜻입니다.

그런데 놀라운 것은 바울서신의 핵심이 되는 로마서에서 그리스도가
율법의 마침이 된다는 선포입니다. 이것은 '끝, 혹은 마침'이라는 뜻보다
는 '완성'이란 뜻이 더 좋은 번역입니다. 그렇습니다. 예수님은 모든 율
법을 다 완성하신 분이십니다. 믿습니까?

율법에는 세 가지 종류가 있습니다.

첫째는 유대인들에게 주신 규범으로서의 율법입니다. 가장 대표적인
것이 음식에 관한 규례입니다. 이것은 주님이 오심으로 그 역
할이 끝나고 말았습니다. 더 이상 그 역할이 계속되는 것이 아
닙니다.

둘째는 윤리적 법규로서의 역할입니다. 이것도 구원의 수단으로서는
끝난 것입니다. 그러나 도덕적 표준으로서는 계속됩니다. 지금
도 살인하거나 음행하거나 거짓을 해서는 안 됩니다.

셋째로 율법은 또한 하나님의 말씀입니다. 작게는 구약이요. 크게는
성경입니다. 그 역할은 앞으로도 영원히 계속될 것입니다. 그
런 의미에서는 율법은 영원합니다.

2. 그리스도가 율법의 마침이라면 우리는 어떻게 해야 하는가?

(1) 그리스도를 통해서 율법을 재해석해야 합니다.

우리가 물을 병에 담을 때에는 깔때기를 통해서 넣습니다. 그래야 흘
리지 않습니다. 그러면 하나도 밖으로 새지 않고 다 넣을 수가 있습니
다. 신약에 보면 예수님은 산상설교에서 "(그러나) 나는 너희에게 이르
노니"라고 재해석하고 있는 것을 볼 수 있습니다. 살인, 간음 등에 대해
서도 재해석한 것을 볼 수 있습니다. 꼭 손으로 죽이지 않아도 미움 자

체가 바로 살인이요, 비록 몸으로 간음하지 않아도 음욕을 품으면 그것
이 바로 간음이라고 했습니다. 즉 주님은 그 동기를 중요시했던 것입니
다. 따라서 우리가 모든 율법을 주님을 통해서 재해석하지 않으면 우리
는 율법주의에 빠지거나 바리새주의에 빠지게 됩니다. 바로 이 재해석
때문에 모세를 무시했다고 오해를 받은 것이요 반율법주의자로 오해를
받았던 것입니다. 그러나 주님은 내가 율법을 폐하러 온 것이 아니요
완성케 하기 위해서 오셨다고 분명히 말씀하셨습니다.

(2) 율법에서 그리스도의 뜻을 찾아야 합니다.

율법의 형태 속에서 주님의 뜻을 찾아야 합니다. 그리스도와의 관계
를 통해서 그 율법의 정신을 깨달아야 한다는 말씀입니다. 엠마오로 가
는 두 제자가 주님이 모세의 오경과 시편과 선지서를 통해서 예수님이
바로 부활하신 그리스도임을 깨달은 것은 바로 율법에서 그리스도를 찾
아야 한다는 것을 말해줍니다.

(3) 율법시대로 다시 돌아가지 말아야

우리는 율법시대로 다시 돌아가지 말아야 합니다. 우리는 다시 역사
의 바늘을 되돌려 놓을 수는 없습니다. 구약시대로 돌아갈 수는 없습니
다. 그렇다면 율법시대로 다시 돌아가지 않는다는 말이 무슨 뜻입니까?
그것은 우리의 생활이 율법중심의 생활이 아니라 믿음 중심의 생활을
의미하는 것이고, '은혜중심의 생활'을 의미하는 것입니다.

그러므로 우리는 율법의 마침이요 완성이 되신 '주님 중심'의 생활을
할 수 있기를 축원합니다.

(4) 은혜중심의 생활을 해야

끝으로 은혜중심의 생활을 해야 합니다. 은혜 중심의 생활을 하는 사
람은 절대로 남을 정죄하지 않습니다. 교만하지도 않습니다. 오직 주님

만을 나타내고, 그의 영광만을 추구합니다. 그런 삶이 되시기를 축원합니다.

맺는 말

사실 우리는 항상 판단을 내가 중심이 되어 했습니다. 사는 것도 내가 중심이 되어 왔습니다. 어떻게 보면 주님을 이용하는 삶이었습니다. 그러나 그리스도가 율법의 마침이 된다는 믿음을 가진 삶은 주님 중심의 삶입니다. 판단도 주님이 어떻게 생각하시는가에 따라 판단하고 결정합니다. 일을 할 때에도 주님께 영광이 되는가 아닌가에 따라서 합니다. 그러므로 우리는 다 주님 중심의 믿음, 생활, 철학을 가질 수 있기를 축원합니다.

자기의 의를 세우려고 할 때

(롬10:1-3)

바울은 진정한 의미에서 애국자였습니다. 누구보다도 민족을 사랑하는 애국자였습니다. 그래서 그의 민족인 이스라엘이 구원을 받기를 무엇보다도 소원했습니다. 그러나 이스라엘의 문제점은 자기의 의를 세우려고 한 점입니다. 바울도 다메섹에서 부활의 주님을 체험하기 전에는 자기의 의를 세우려고 기독교인들을 잡아다가 박해를 했습니다. 우리는 자신의 의를 세우려고 하지 말아야 합니다. 왜냐하면 우리는 전적으로 타락한 존재요 하나님의 은혜 없이는 살 수 없는 존재이기 때문입니다.

1. 자기의 의를 세우려고 하는 사람의 문제점

그러면 자기의 의를 세우려고 하는 사람의 문제점은 무엇입니까? 하나님은 의의 하나님이시기 때문에 의를 좋아하십니다. 그러나 우리 인간의 의는 때 묻은 의입니다. 마치 해가 비칠 때에 문틈으로 보이는 햇살처럼 먼지가 많은 의입니다. 그러므로 우리 개인의 의로는 절대로 구원을 받을 수가 없습니다.

(1) 좋은 점은 열심을 가지고 있습니다.

열심은 좋은 것입니다. 그러나 잘못된 열심은 더 나쁠 수도 있습니다. 경주를 할 때 정반대 방향으로 가면 일등한 사람이 꼴찌가 됩니다. 그러므로 열심이 좋은 방향일 때에는 좋으나 나쁜 방향일 때에는 문제가 됩니다.

　그런데 자기 의를 세우려고 하는 사람의 문제점은 열심을 가지고 남을 정죄하기 때문입니다. 독선적이 되기 때문입니다. 이스라엘이 그랬고, 바울이 그랬습니다.

　(2) 자기의 의를 좇는 사람

　그러나 자기의 의를 좇는 사람은 지식을 좇지 않습니다. 일반적 상식을 따르지 않습니다. 하나님은 우리들에게 좋은 지식을 많이 주셨습니다. 성경의 지식을 비롯해서 하나님께 대한 지식 등 참으로 많이 있습니다. 그런데 자기의 의를 따르는 사람은 열심을 가지고는 있으나 객관적인 지식을 무시하기 쉽습니다.

　(3) 더욱이 하나님의 의를 모릅니다.

　하나님이 주시는 의를 통해서만 우리는 구원을 받을 수가 있습니다. 그러나 자신의 의를 주장하는 사람들은 하나님의 의에 대해서 관심이 없습니다. 따라서 하나님의 의를 모릅니다. 그래서 자기가 의를 이루려고만 합니다. 불교가 그런 종교이고, 유대교가 그런 종교입니다. 하나님이 주시는 의는 무시하고 있는 것입니다.

　(4) 자기의 의를 세우려고 하는 사람

　또 자기의 의를 세우려고 하는 사람은 하나님의 의를 구하지도 않고, 복종치 않습니다. 유대인들이 망한 이유가 바로 여기에 있습니다. 그러므로 우리는 자기의 의를 세우려고 하지 말아야 합니다.

　(예화) 루터가 시편을 연구하다가 깨달은 진리. 시편 31편 "주의 의로 나를 건지소서"라는 말씀에서 지금까지 자신의 의로 하나님 앞에서 서기를 바랐던 것을 회개하고 이신칭의의 교리로 방향을 전환하였습니다.

2. 자기의 의를 좇지 않으려면 우리는 어떻게 해야 하는가?

(1) 인생의 연약함을 먼저 알아야 합니다.

인간은 종이처럼 찢어지기 쉬운 존재입니다. 깨어지기 쉬운 질그릇입니다. 이 연약함을 알 때에 우리는 전적으로 하나님을 의지하게 됩니다.

(2) 내 능력으로는 구원을 받지 못한다는 것

내 능력으로는 구원을 받지 못한다는 것을 깨달아야 합니다. 유대인들은 종교에 열정이 많고 믿음도 깊은 사람들입니다. 그러나 그들은 자신들의 노력으로 자신들의 의로 구원을 받으려다가 결국 주님을 십자가에 못을 박았습니다. 그러므로 우리는 자신의 능력으로는 구원을 받을 수 없다는 것을 깨달아야 합니다. 내 힘으로는 의롭게 되지 않는다는 것을 알게 될 때에는 남을 정죄하지 않습니다.

(3) 예수님의 십자가의 공로로 의롭게 됨

오직 예수님의 십자가의 공로로 의롭게 됨을 믿어야 합니다. 우리가 의로워지는 것은 하나님의 방법밖에는 없습니다. 그래서 시편 31편 1절에 "주의 의로 나를 건지소서"라고 했습니다. 이것이 바로 루터에게 놀라운 변화의 시작이 되었습니다.

(4) 하나님의 은혜로 구원받는 것

하나님의 은혜로 구원받는 것을 믿고 순종해야 합니다. 에베소서 2장 8절에 "너희가 그 은혜를 인하여 믿음으로 말미암아 구원을 받았나니 이것이 너희에게서 난 것이 아니요 하나님의 선물이니라"고 했습니다. 바로 이 원리가 루터의 종교개혁의 중심이 되는 구절입니다. 우리에게도 그런 변화가 일어나기를 바랍니다. 그런 변화가 일어나면 구원에 대한 확신이 생깁니다. 기쁨이 충만케 됩니다. 그러므로 우리에게도 그런 변화가 일어나기를 축원합니다.

맺는 말

하나님은 의를 좋아하십니다. 그래서 우리는 의롭게 되어야 합니다. 그러나 인간의 의는 때 묻은 의요, 하나님 앞에 설 수 없는 의입니다. 그러므로 오직 하나님의 의만이 우리들을 구원한다는 것을 믿고, 오직 주님만 절대적으로 믿고, 순종하는 그런 삶이 되시기를 축원합니다.

하나님의 주권적 선택

(롬9:25-29)

오늘은 하나님의 주권적 선택에 대해서 함께 은혜를 나누려고 합니다. 하나님의 주권적 선택이란 말은 역사가 하나님의 손안에서 다 결정된다는 뜻입니다. 인생의 생사화복이 다 하나님의 손안에 있다는 뜻입니다.

현대인들은 자기가 힘쓰면 다 될 줄로 착각하고 있습니다. 그래서 뛰다가 쓰러지고 맙니다. 그러나 비록 불신자라고 해도 하나님의 허락 없이는 아무것도 안 된다는 것을 우리들은 알아야 합니다. 성경에 보면 심지어 바벨론의 느부갓네살 왕도 하나님의 예정 속에서 모든 것이 결정되었습니다. 그를 통해서 이스라엘을 징계하시고, 나중에는 그를 왕좌에서 밀어냈습니다.

우리가 믿든 안 믿든 아무도 여기서 제외될 수는 없습니다. 그러므로 우리는 역사의 주인은 하나님이시다, 하나님의 허락 없이는 아무 것도 이루어지지 않는다는 그런 확신을 가져야 합니다. 그래야 겸손해집니다. 그렇지 않으면 교만해집니다.

1. 하나님의 절대적 주권이 우리 구원의 기초가 됩니다

성경에는 하나님의 예정에 대해서 여러 곳에서 말씀하고 있는데 그것은 우리의 구원이 하나님의 주권 속에서 이루어진다는 뜻입니다. 물론 믿으면 됩니다. 그러나 그 믿음의 씨앗도 하나님이 주신 것입니다. 그래서 이것이 너희에게서 난 것이 아니요, 하나님의 선물이니라고 했습니다. 믿습니까? 놀라운 것은 하나님께서 큰일만 주관하시는 것이 아니라 우리들의 머리카락까지 세신 바 되었다고 했습니다. 참새 한 마리도 허락 없이는 절대로 떨어지지 않습니다. 그렇다면 우리들의 크고 작은 모든 일이 다 하나님의 섭리 안에 있습니다. 내가 무엇을 한다고 착각하지 마시기를 바랍니다.

2. 중요한 것은 하나님의 주권에는 불의가 없습니다

우리는 하나님의 피조물이기 때문에 모든 것이 하나님이 표준이 됩니다. 하나님이 하시는 것은 다 선한 것이고 의로운 것입니다. 그는 우리의 토기장이와 같습니다. 그러므로 그가 무엇을 결정하든, 그가 무엇을 하든 다 의로운 것입니다. 이것을 평등사회의 개념 속에서 비판할 수 없고, 비난할 수 없습니다. 왜냐하면 하나님이 바로 표준이기 때문입니다.

3. 하나님은 절대 주권을 가지고 계시기 때문에, 우리는 판단이나 평가를 할 수 없습니다.

왜냐하면 하나님의 주권은 절대적인 것이기 때문입니다. 따라서 우리의 판단이나 평가를 할 수 없습니다. 그러므로 우리는 모든 것을 나의 판단력에 따라 판단해야 합니다. 바로 이것이 우리의 신앙생활에 나타나고 있습니다.

4. 우리가 선택을 받고, 하나님의 자녀가 된 것에 감사

우리는 우리가 선택을 받고, 하나님의 자녀가 된 것을 감사하며 찬양하며 충성합시다.

사실 우리는 본래 하나님의 진노의 그릇이었는데 하나님께서는 우리를 하나님의 영광의 그릇으로 바꾸시고 만들어주셨습니다. 그러므로 우리는 "늘 울어도 눈물로써 못 갚을 줄 알아 몸밖에 드릴 것 없어 이 몸 바칩니다"라는 고백을 가지고 살아야 합니다. 그것은 바로 감사의 기도이고 찬양입니다. 이제 이런 무익한 종이지만 우리들에게 여러 가지의 직분을 주셨으니 우리들은 충성할 것밖에는 없습니다.

우리가 주권을 가지신 하나님께 붙들림을 받아 우리의 인생을 활용할 수 있다면 그 이상의 영광이 어디에 있겠습니까? 그러므로 우리의 정체성을 바로 깨달아 하나님이 쓰시는 도구들이 다 될 수 있기를 축원합니다. 제가 소원하는 것은 우리 한 사람, 한 사람이 다 하나님의 소유가 되어 하나님이 쓰시는 그릇이 되어 놀라운 하나님의 역사를 이루어 갈 수 있기를 바랍니다.

누가 그 뜻을 대적하는가?

(롬9:19-24)

　인류의 역사는 하나님의 설계와 섭리에 따라 이루어집니다. 믿습니까? 그러므로 우리는 하나님께 순종하는 것이 마땅합니다. 세상에서 가장 어리석은 사람은 하나님을 대적하는 사람입니다. 그러므로 우리를 창조하시고, 섭리하시는 하나님을 대적하지 않기를 바랍니다. 오늘의 말씀은 바울의 유명한 역사철학의 한 면을 말씀해주고 있습니다. 이 말씀을 중심으로 함께 은혜를 나누려고 합니다.

1. 토기장이가 되신 하나님

　오늘 본문에 보면 하나님이 누구신가? 하나님을 토기장이에 비유했습니다. 토기장이의 비유는 첫째로 인간은 20절의 말씀처럼 "지음을 받은 존재"라는 뜻입니다. 하나님은 우리들을 만드실 때에 그의 뜻에 따라 어떤 사람은 귀한 그릇으로, 또 어떤 사람은 천한 그릇으로 만드셨다는 것입니다. 따라서 인간은 하나님에게 왜 이같이 만들었느냐고 항의할 자격이 없다는 것입니다. 우리는 피조물이고 하나님은 창조주인데 우리가 어떻게 항의하고 비판합니까?

　둘째로 이 토기장이의 비유는 인간에 대한 하나님의 주권을 말씀하신 것입니다. 모든 것은 역사의 감독되시는 하나님의 뜻에 따라 결정되고, 진행되고, 사용된다는 말씀입니다. 사람이 역사의 주인이 아닙니다. 바로 하나님 자신입니다. 그러므로 토기장이가 되신 하나님의 말씀에 순종하는 저와 여러분들이 다 되시기를 축원합니다. 하나님을 대적하는 어리석은 자가 되지 마시기를 바랍니다.

2. 우리는 하나님이 만든 질그릇에 불과하다는 주제파악을 해야 합니다.

24절에 보면 '이 그릇은 우리니' 곧 유대인 중에서 뿐 아니라 이방인 중에서도 부르신 자니라"고 했습니다. 바로 우리들이 하나님의 그릇이란 뜻입니다. 그러면 우리는 어떤 그릇입니까?

(1) 멸하기로 준비된 진노의 그릇

22절에 보면 "멸하기로 준비된 진노의 그릇"이라고 했습니다. 이것은 하나님의 예정 교리를 간단하게 말씀한 것입니다. 이것은 이중 예정교리를 요약한 것입니다. 어떤 사람은 구원을 받도록, 또 어떤 사람은 구원받지 못하도록 했다는 말입니다. 불공평하다고 생각할지 모릅니다. 그러나 이것은 토기장이가 되신 하나님이 정하신 것이기 때문에 그가 어떻게 정하든지 그것은 주인 되신 하나님의 뜻이기 때문에 우리들은 항의할 자격이 없습니다. 오히려 우리는 감사할 것밖에는 없습니다. 하나님이 멸하기로 준비된 진노의 그릇인데 구원하여 주셨기 때문입니다.

(2) 영광받기로 예비하신바 긍휼의 그릇

그런데 하나님은 23절에 보니까, "또한 영광 받기로 예비하신바 긍휼의 그릇"으로 만들어주셨다고 했습니다. 할렐루야. 하나님의 사역은 긍정적인 것과 부정적인 것, 두 가지가 있습니다. 부정적인 그릇은 사탄의 손에 들려져서 사용되는 그릇을 의미하고, 여기서는 긍정적으로 하나님의 손에 의해서 사용되는 그릇들을 말합니다. 그렇다면 지금 우리들은 어떤 그릇입니까? 사탄에 의해서 사용되는 부정적인 그릇입니까? 아니면 하나님에 의해서 사용되는 긍정적인 그릇입니까? 하나님의 손에 들려져서 사용되는 그릇은 바로 헌신된 성도들입니다. 기도하는 성도들입니다.

3. 우리는 어떻게 해야 할까요?

무엇보다도 하나님을 대적하지 말아야 합니다.

(1) 누가 하나님을 대적합니까?

첫째로 사탄이 하나님을 대적하였습니다. 그래서 하나님에게 창조함을 받은 천사가 사탄으로 떨어지게 된 것입니다.

둘째로 아말렉이 간접적으로 하나님을 대적하였습니다. 그들은 사탄처럼 하나님께 직접 대적한 것은 아닙니다. 그러나 그들이 이스라엘을 대적함으로써 결과적으로는 이스라엘을 도우시는 하나님을 대적했습니다. 그러므로 우리는 때때로 내 마음에 들지 않아도 그것이 하나님의 뜻이면 내가 싫어하는 사람들이라고 절대적으로 대적하지 말아야 합니다. 특별히 주의 종들에게 대적하지 마시기를 바랍니다. 왜냐하면 그들은 비록 부족하지만 하나님이 쓰시기 위해서 세웠기 때문에 자칫하면 하나님과 대적할 수가 있기 때문입니다. 그래서 다윗은 자기를 죽이려고 하는 사울 왕을 대적하지 않았습니다. 하나님께 맡긴 것입니다.

(2) 사탄이 훼방할 틈을 주지 말아야 합니다.

사탄은 본래 훼방자입니다. 그래서 사람들에게 훼방을 하도록 유혹을 합니다. 가정에서든지 교회에서든지 훼방하는 것은 다 사탄의 하는 일입니다. 그러므로 마음에 안 들면 차라리 가만히 있으면 최소한 하나님의 원수는 되지 않습니다. 특별히 성전 건축하는 일에 대적하면 이 일을 위하여 너를 세웠으니(롬9:14-18)

하나님은 그의 섭리 가운데서 시대마다 사람들을 세워 그의 일을 이루어갑니다. 놀라운 것은 반드시 사람들을 통하여 이루어간다는 사실입니다. 그렇다면 나는 왜 이 땅에 태어났는가? 우리 삶의 목적을 다시 한 번 살펴보는 기회가 될 수 있기를 축원합니다. 오늘 본문 가운데 17절과 18절의 말씀을 중심으로 함께 은혜를 나누려고 합니다.

1. 하나님께서 이루시기를 원하는 일

"이 일을 위하여" 즉 하나님께서 이루시기를 원하는 일은 어떤 것인가? 오늘 본문을 통해서 주목해야 할 사실은 믿지 않는 강퍅한 바로 왕을 통해서 이루고자 하는 두 가지의 목적을 말씀하고 있다는 점입니다.

첫째는 하나님의 능력을 나타내고,

둘째는 하나님의 이름이 온 땅에 전파되게 하기 위해서라고 했습니다. 그렇다면 하나님의 성도들을 통해서는 얼마나 더 많은 것을 이루어 가시겠습니까? 그러면 그것은 무엇입니까? 그것은 바로 하나님의 영광입니다. 하나님께서 영광을 받으시는 것은 무엇을 통해서인가요?

셋째는 하나님의 나라의 확장입니다. 이것은 복음전파를 통해서 기독교 문화의 창달을 통해서 이루십니다.

넷째는 예배를 통해서 하나님은 영광을 받으십니다.

다섯째는 찬양을 통해서 하나님은 영광을 받으십니다.

끝으로 우리의 열매를 통해서 하나님은 영광을 받으십니다.

2. "너를 세웠으니"

(1) 누가 세웠는가? "내가" 바로 하나님이 세웠다는 것입니다.

누가 우리를 세웠느냐에 따라 그 권위가 결정됩니다. 그런데 우리를 세운 것은 바로 창조자 되신 하나님, 우리의 생사화복을 주관하시는 하나님이십니다. 그러므로 이것은 해도 좋고 안 해도 좋은 것이 아닙니다. 우리의 존재의 의미이기 때문에 반드시 해야 할 성질의 것입니다. 그러므로 나 자신은 별 것이 아닐지 모르나 나를 통해서 역사 하시는 하나님이 계시기 때문에 나는 무시할 수 없는 하나님의 도구인 것입니다.

   (2) 세웠다는 뜻은 무엇인가?

   직분을 주었다는 뜻입니다. 바로가 애굽의 왕이 된 것은 하나님의 목적이 있었기 때문입니다. 우리가 교회에서 직분을 받은 것도 하나님이 세워주셨기 때문입니다.

   좀 더 구체적으로는 우리가 목사가 되고, 장로가 되고, 권사가 되고, 집사가 된 것은 하나님의 뜻이 있어서 세워주셨다는 것을 믿어야 합니다. 특별히 하나님을 찬양하는 것은 레위인들만이 할 수 있는 성직입니다. 그것을 위해서 세워주셨다는 것입니다. 그러므로 자신의 직분의 존귀함을 잊지 말아야 합니다.

3. 세움을 받은 자가 해야 할 일은 무엇인가?

  (1) 충성해야 합니다.
     "맡은 자에게 구할 것은 충성이니라"
  (2) 자신의 영광을 구하지 말아야 합니다. 오직 나를 세워주신 주님의 영광을 구해야 합니다.
  (3) 희생할 줄 알아야 합니다. 희생 없는 성취는 없습니다. 농부가 하나님의 축복으로 추수하지만 그러나 씨 뿌리는 수고와 물주고 김매고, 잡초를 뽑아주는 희생이 없이는 풍성한 추수를 할 수 없습니다.
  (4) 끝으로 인내 할 줄 알아야 합니다. 농부는 보리를 심어 놓고, 겨울의 눈이 녹을 때를 기다려서 추수를 합니다.

4. 하나님의 약속을 믿고 계속해서 기도해야

우리는 하나님의 약속을 믿고, 계속해서 기도해야 합니다. 성도의 최고의 일이 무엇인지 아십니까? 그것은 바로 기도하는 것입니다. 모든 것은 기도에서 시작하기 때문입니다. 또 하나님은 성도들의 기도를 통해서 그의 뜻을 이루어가는 것을 기뻐하시기 때문입니다.

그러므로 우리는 이 저녁에 하나님을 대적하는 일이 없도록 우리 모두가 순종의 사람들이 되시기를 축원합니다. 순종은 바로 기도에서 시작하여 기도로 진행되고, 기도로 마치게 됩니다. 누가 하나님을 대적하겠습니까?

맺는 말

이제 1999년도 거의 반이 지났습니다. 이제 2000년이 곧 다가옵니다. 어떤 사람들은 2000년에는 예수님이 재림할 것이라고 주장합니다. 저는 그렇게 믿지는 않습니다. 그러나 한 가지 확실한 것은 주님의 재림의 때가 점점 가까이 오고 있다는 것만은 틀림없습니다. 그러므로 우리는 하나님의 도구가 되어 그에게 큰 영광을 돌릴 수 있기를 축원합니다.

의롭다 하심을 받으면

(롬5:1-5)

우리가 하나님 앞에서 의롭다 하심을 받기만 하면 5가지의 축복을 받게 됩니다.

1. 첫째로 하나님과 화평을 누리게 됩니다(1절).

1절은 헬라어의 문법으로 보면 명령문과 직설법의 두 가지가 가능합니다. 직설법으로 해석하면 '화평이 있고'라고 번역이 됩니다. 저는 이 직설법의 번역이 옳다고 봅니다. 중요한 것은 우리가 하나님 앞에서 의롭다 하심을 받으면 화평이 이루어진다는 점입니다. 하나님과의 화평이 이루어지면 이웃과의 화평은 물론 내적으로는 심적인 화평이 옵니다. 믿습니까?

2. 둘째는 은혜, 즉 하나님의 임재 가운데에 들어가게 됩니다(2절)

두 번째 축복은 은혜에 들어감을 얻는다고 했습니다. 이것은 하나님의 임재 가운데 들어가는 것을 말합니다. 최고의 축복이 바로 하나님의 임재 가운데 들어가는 것입니다.

3. 세 번째는 하나님의 영광을 소망하게 됩니다(2절).

우리 인간은 영광되기를 바라는데, 이 영광은 하나님께 속한 것입니다. 따라서 영광되기를 원한다면 하나님께 속하거나 하나님의 일을 할 때 영광을 받을 수가 있습니다. 그런데 하나님께 속한 사람이 되려면 의롭다 하심을 받아야 합니다.

4. 고난과 환난 속에서도 즐거워합니다(3-5절).

인간에게는 끝없는 고난과 환란이 찾아옵니다. 우리가 항상 기뻐하지 못하는 것은 고난과 환란에서 기뻐하는 법을 모르기 때문입니다. 그것은 바로 의롭다 하심을 받는 데 있습니다.

5. 내주하시는 성령을 통하여 하나님의 사랑을 끝없이 체험하게 됩니다(5절)

성령은 우리 안에 내주하십니다. 그때마다 우리는 사랑을 체험하게 됩니다. 그러나 이것은 오직 의롭다 하심을 받은 사람만이 가질 수 있는 특권입니다.

그러면 문제는 어떻게 할 때 우리가 의로워질 수 있습니까?

(1) 죄를 하나님 앞에서 회개

나의 모든 죄를 하나님 앞에서 회개하여 그리스도의 보혈로 깨끗이 씻김을 받아야 합니다.

(2) 나의 주님으로 영접하고 믿을 때

예수님을 나의 구세주, 나의 왕, 나의 주님으로 영접하고 믿을 때 예수님의 의가 우리들에게 전가되어 의롭게 됩니다.

그러므로 이 시간에 우리 모두가 믿음으로 의롭게 되고, 하나님께서 예비하신 5가지의 축복을 넘치도록 받을 수 있기를 축원합니다.

하나님의 사랑에서 끊을 수 없으리라

(롬8:38-39)

1. 하나님의 사랑은 죽음이 이길 수 없습니다.

죽음은 아주 강합니다. 아이들도 울다가 너 죽어 하면 금방 그칩니다. 왜냐하면 죽음은 사랑하는 사람도 데려갑니다. 죽음은 부부관계도 깨뜨립니다. 죽음은 권력도 빼앗습니다. 죽음은 이 세상의 모든 것을 무너뜨립니다. 왜냐하면 모든 것을 변화시키기 때문입니다. 그러므로 죽음은 세상에서 가장 강한 것 중의 하나입니다. 그러나 죽음은 하나님의 사랑에서 우리를 끊지 못합니다. 믿습니까?

2. 생명도 하나님과의 관계를 변화시킬 수 없습니다.

생명은 원천이 주님께 있습니다. 인간의 생명은 안개와 같이 금방 끝나는 아침 안개와도 같은 것입니다. 죽을 사람을 살려준다고 할 때 우리는 금방 굴복합니다. 일제 때 많은 사람들이 신사참배를 한 것은 바로 거기에 이유가 있습니다. 그러나 그것도 하나님의 사랑보다 강하지는 못합니다. 하나님의 사랑에 배신할 수 없어서 많은 사람들이 순교를 기쁨으로 했기 때문입니다.

3. 어떤 권세도 하나님의 사랑을 끊을 수 없습니다.

또 천사와 세상의 권세도 하나님의 사랑에서 우리를 끊을 수 없습니다. 당시 천사숭배는 대단했습니다. 랍비들에 의하면 천사들은 세 등급으로 나누어진다고 했습니다.

첫째는 제1등급의 천사들인데 이들은 하나님의 보좌의 주변에 있는
　　　그룹들과 스랍들입니다.

둘째는 제2등급의 천사들인데 이들은 권세와 통치권과 세력을 가지
　　　고 있는 천사들이라고 했습니다.

셋째는 제3등급의 천사들인데 이들은 흔히 말하는 천사와 천사장들
　　　이라고 했습니다.

여기서 바울은 이런 천사들이 하나님과 우리와의 관계를 시기하여 끊으려 해도 끊을 수 없다고 했습니다.

4. 세상의 어떤 것으로도 하나님의 사랑을 끊을 수 없습니다.

(1) 현재도 미래도 하나님 사랑을 끊을 수 없습니다

현재와 미래도 하나님의 사랑에서 우리를 끊을 수 없습니다. 여기서 현재란 말은 현재에 역사하는 모든 세력을 의미하고, 장래일이란 미래에 역사할 모든 세력으로도 하나님의 사랑에서 우리를 끊을 수 없다는 것입니다.

(2) 어떤 능력도 하나님 사랑을 끊을 수 없습니다

능력(영적 존재를 뜻하는 말)이나 높음(지상과 하늘에 있는 모든 세력)이나 깊음(지하와 물속에 있는 모든 세력)이라도 우리를 하나님의 사랑에서 끊을 수 없습니다.

(3) 아무 피조물도 하나님의 사랑을 끊을 수 없습니다

세상 어떤 피조물도 하나님의 사랑에서 우리를 끊을 수 없습니다. 바울은 여기서 열 가지를 나열하면서 그 무엇으로도 하나님의 사랑에서 우리를 끊을 수 없다고 했습니다. 그러므로 우리는 겁낼 것이 전혀 조금도 없습니다. 이처럼 하나님의 사랑은 절대적이고 강합니다. 그러므

로 하나님의 사랑을 믿으시기 바랍니다.

5. 바울은 왜 하나님의 사랑을 강조하는가?

(1) 우리를 사랑하시는 이로 말미암아

"모든 일에 우리를 사랑하시는 이로 말미암아 우리가 넉넉히 이기느니라"는 것을 강조하기 위해서입니다.

(2) 모든 것이 합력하여 선을 이룬다 하심

전능하신 하나님께서는 모든 것을 합력하여 선을 이룬다는 것을 보여주기 위해서입니다.

(3) 기도 능력을 말씀하심

우리의 기도는 능력 있는 것임을 말씀하기 위해서입니다.

(4) 구원과 승리의 확신

하나님의 사랑은 그 무엇으로도 끊을 수 없기 때문에 우리의 구원은 확실하며 승리도 확실하며 축복도 확실하다는 것입니다.

우리가 믿는 하나님은?

(롬4:14-25)

17절에 보면 "그의 믿은바 하나님은"이란 말씀이 나옵니다. 이 구절을 중심으로 우리가 믿는 하나님은 어떤 분인가를 함께 살펴보면서 은혜를 나누려고 합니다.

이 세상의 많은 사람들은 믿을 것과 믿지 말아야 할 것을 구별하지 못합니다. 그래서 거짓을 따라가다가 실망하고 허망하게 죽고 맙니다. 그러므로 우리는 믿을 것과 믿지 말아야 할 것을 바로 구별해서 오직 하나님만을 믿을 수 있기를 축원합니다.

1. 우리가 믿는 하나님은 어떤 분이신가?

(1) "죽은 자를 살리시며"(17절)

하나님은 권능의 창조자시라는 말씀이십니다. 그래서 죽은 자를 살리십니다. 이미 죽은 자도 살리시고, 또 지금 죽고 있는 자도 살리시고, 그뿐 아니라 죽을 형편에 놓인 사람도 살리시는 권능의 하나님이십니다. 그러나 우상은 아무것도 할 수 없는 허수아비입니다.

그러므로 우리가 죽을 형편에 놓여 있다 해도 죽은 자를 살리시는 하나님을 믿고 있는 한 두려워할 필요가 없습니다.

(2) 없는 것을 있는 것같이 부르심

두 번째로 우리가 믿는 하나님은 "없는 것을 있는 것같이 부르시는 이시니라(17절)고 했습니다.

하나님은 말씀 한 마디로 모든 것을 창조하신 분이시기 때문에 무를 유로 창조하실 수 있습니다. 존재하게 하시고 만드실 수가 있기 때문입니다. 그래서 믿음을 가진 사람들은 없다고 실망하지 않습니다. 왜냐하면 하나님이 원하시면 얼마든지 있게 하시기 때문입니다. 바로 신앙은 이런 절대적인 믿음 위에 근거하고 있습니다.

2. 그러면 우리는 어떻게 믿어야 합니까?

(1) 바랄 수 없는 중에 바라고 믿었으니(18절)

아브라함이 위대한 것은 바랄 수 없는 중에 바라고 믿었기 때문입니다. 그는 백세가 되어 도저히 자녀를 가질 수 없는 형편이었지만 그러나 그가 자녀를 가질 수 없다는 육체적 현상만을 보지 않았습니다. 그는 하나님의 말씀을 믿었습니다. 하나님께는 불가능이 없다는 것을 믿었습니다. 바로 이것이 우리들에게 있어야 할 것입니다. 이성적으로 합리적으로 가능한 것을 믿는 것은 믿음이 아닙니다. 현실적으로 할 수 없는 것을 그럼에도 불구하고, 믿을 때에 그것이 참 믿음입니다. 이런 믿음의 소유자들이 다 되시기를 축원합니다.

(2) 알고도 믿음이 약하여지지 아니하고(19절).

사람들은 현실적으로만 보기 때문에 현실을 알면 약해집니다. 불가능해, 안 돼, 하고 결론을 내립니다. 중요한 것은 믿음이란 모르고 믿는 것이 결코 아닙니다. 알지만 그럼에도 불구하고 믿는 것입니다. 그래서 믿음은 '그럼에도 불구하고'입니다.

(3) 믿음이 없이 하나님의 약속을 의심치 말아야(20절)

가장 무서운 것은 의심입니다. 의심은 사탄이 뿌려준 독소입니다. 의심하면 사랑하는 사람도 죽입니다. 의심하면 될 일도 안 됩니다. 그러므로 의심하지 마시기를 바랍니다. 우리 교회가 성전을 건축하는 것은 우리가 능력이 있어서가 아닙니다. 하나님이 함께하시기 때문입니다. 우리 집입니까? 하나님의 집이지. 어느 누구의 소유물입니까? 하나님의 소유물입니다. 그러므로 하나님의 약속을 의심하는 어떤 자들처럼 되지 마시고, 절대적으로 믿으시기 바랍니다.

(4) 믿음에 견고하여져서 하나님께 영광을 돌리며(20절)

우리는 믿음에 견고하여져야 합니다. 뿌리가 박히고 터가 굳어져야 합니다. 그때에 하나님께 영광을 돌릴 수 있습니다. 믿음이란 성장하거나 아니면 약해집니다. 약하여지면 의심이 들어옵니다. 사탄이 기회를 보고 들어오는 것입니다. 그러므로 의심이 들어올 때에 물리치시기를 바랍니다.

(5) 약속하신 그것을 또한 능히 이루실 줄을 확신하였으니(21절)

믿음의 핵심은 하나님의 약속을 믿는 것입니다. 하나님은 반드시 그의 약속을 이루신다는 것을 믿는 것입니다. 하나님은 우리 교회에 성전을 약속했습니다. 이루실 것을 확신합니까? 확신하면 그대로 됩니다. 믿는 대로 이루시는 하나님이시기 때문입니다.

맺는 말

오늘 우리는 아브라함의 신앙을 살펴보면서 왜 그가 그처럼 위대한 인물로 칭송받는가를 깨닫게 됩니다. 바로 믿음 때문입니다. 위대한 사람은 결국 위대한 믿음의 소유자인 것입니다. 그러므로 우리 모두가 위대한 믿음의 소유자가 되어 놀라운 하나님의 일을 감당할 수 있기를 축원합니다.

칭찬받는 성도가 되자

(롬2:17-29)

1. 형식주의자들의 고백

(1) 율법을 의지하며(17)

말로만 율법을 의지한다고 말합니다. 그러나 실제로는 자기의 주장을 의자하고, 자기의 생각대로 삽니다.

(2) 하나님을 자랑하며(17)

말로는 하나님을 자랑하는 것같이 보이지만 실제로는 자신을 자랑하고 자신을 광고합니다.

(3) 하나님의 뜻을 알고(18)

성경을 통해서 하나님의 뜻이 무엇인지를 알고 있습니다. 그러나 아는 것에 끝날 뿐 행하지는 않습니다.

(4) 지극히 선한 것을 좋게 여기며(18)

아주 선한 척하고, 선을 추구하는 것처럼 위선을 가집니다.

(5) 지식과 진리의 규모를 가진 자(19)

성경지식과 진리의 규모를 가진 자이나 문제는 그것이 표준이 아니고, 장식일 뿐입니다. 허울만 번지레한 것입니다.

(6) 소경의 길을 인도하는 자요 어두움에 있는 자의 빛이요 어리석은 자의 훈도요 어린아이의 선생이라(19-20)

당시 랍비란 이름은 가장 존경을 받는 이름이었습니다. 랍비를 일명 인도자, 빛, 훈도, 선생이라고 불렀습니다. 그러나 속에는 노략질하는 것뿐이었습니다.

2. 형식주의와 의식종교를 가진 바리새파의 문제점

(1) 자기 자신은 가르치지 않는다(21)

남만 가르친다. 자신은 그 가르치는 대로 생활하지 않습니다. 즉 고백과 생활은 별개의 것이 되고 있습니다. 일구이언하며 말과 생활이 일치하지 않고 있습니다.

3. 하나님이 기뻐하시는 사람(29)

다윗과 같은 사람을 하나님은 기뻐하십니다. 다윗은 형식주의, 의식주의를 가장 싫어했습니다. 그러나 유대인들은 변절되었습니다. 말씀의 본질보다 형식적 신앙에 치중하였고, 하나님께 영광을 돌리기보다는 자신들이 남들에게 높임을 받기를 좋아하였습니다.

그 결과 하나님의 약속의 유업을 받지 못하게 되었습니다. 이제 진정한 유대인은 이면적 유대인이 되어야 참 유대인입니다. 왜냐하면 하나님 앞에서는 구원이 신령에 있고 의문에 있지 않기 때문입니다.

4. 칭찬을 받는 성도가 되자.

(1) 사람의 칭찬은 헛된 것입니다.

세상에서 칭찬을 싫어하는 사람은 아무도 없다. 그러나 칭찬이란 육신의 귀를 즐겁게 해주는 것일 뿐입니다. 헛된 것입니다. 그런데 육신의 자랑은 교만을 낳고, 마침내 멸망의 선봉이 된다(잠18:12).

잠언 27:2절에 "타인으로 너를 칭찬하게 하고 네 입으로는 말며 외인으로 너를 칭찬하게 하고 네 입술로는 말지니라"고 했습니다.

(2) 하나님의 칭찬은 참된 것입니다.

그러면 하나님의 칭찬은 어떻게 받을 수 있는가?

첫째 여호와를 경외할 때(잠31:30-31)

둘째 성령과 지혜가 충만할 때(행6:3)

셋째 경건하게 살 때(빌4:8)

넷째 황금률대로 살 때. 즉 남을 칭찬하는 생활을 할 때입니다.

영광과 존귀를 얻으려면

(롬2:9-16)

1. 두 종류의 교인

교인들 가운데는 두 가지 종류의 교인이 있습니다. 하나는 듣는 자이
고, 다른 하나는 행하는 자입니다.

(1) 악을 행하는 자

자기의 생각대로 사는 사람은 환난과 곤고가 있습니다. 환란이란 위
에서 무거운 것이 짓누른다는 뜻입니다. 곤고란 좁은 장소에 집어넣는
다는 뜻입니다.

악을 행하는 자는 두 가지 종류가 있습니다. 하나는 율법이 있고 범
죄한 자요, 다른 하나는 율법 없이 범죄한 자입니다. 12절에 그 기준이
나옵니다. 율법 없이 범죄 하는 자(이방인들)는 율법 없이 심판을 받고
율법이 있으면서 범죄 한 자(유대인들의 경우)는 율법을 가지고 심판을 합
니다. 다시 말해서 율법은 하나님의 뜻을 아는 척도일 뿐 아니라 유대
인들을 심판하는 기준도 됩니다.

다시 말해 하나님은 주어진 표준에 의해서 심판을 하십니다. 그러면
구체적으로 율법 없이 범죄한 자들을 무엇을 통해서 심판을 하시는가?
14절에 그 기준이 나옵니다. 태어날 때 주신 본성을 통해서 심판을 하
십니다. 무엇이 본성인가? 영어 성경에 보면 nature라고 번역하였습니

다. 이것은 우리가 말하는 자연을 뜻하기보다는 도덕성과 양심을 지닌 본질적인 마음을 말합니다. 양심보다 더 큰 것입니다.

이방인들에게는 하나님에 대한 세 가지의 증거가 있습니다.

첫째는 자연입니다. 자연은 크게, 그리고 분명하게 하나님을 증거해 줍니다. 비록 성경은 없지만 그러나 자연은 누구에게나 있습니다. 자연은 일반계시입니다.

둘째는 양심입니다. 양심은 무엇이 옳은지 무엇이 그른지를 잘 가르쳐줍니다. 양심은 어진 마음이란 뜻입니다. 양심은 하나님의 음성입니다. 옳은 일을 할 때에는 인정을 하지만 잘못된 일을 할 때에는 마음에 고통을 줍니다. 이것이 바로 양심입니다. 15절에 보면 마음에 새긴 율법이라고 하였습니다. 모세 오경이 돌에 새긴 율법이라면 양심은 마음에 새긴 율법인 것입니다. 그 둘은 같은 내용을 가집니다. 그러나 율법처럼 객관성을 가질 만큼 분명하지 못합니다. 왜냐하면 어떤 사람은 남의 마음을 아프게 한 말 한마디 때문에 괴로워하지만 어떤 사람은 남을 괴롭히고, 죽이고도 가책을 받지 않습니다. 이것은 인간이 범죄한 뒤에 양심이 무디어졌기 때문입니다.

셋째는 인간에게는 이성이라는 것이 있습니다. 생각하는 기능입니다.

(2) 선을 행하는 자 : 하나님의 말씀대로 사는 사람.

영광과 존귀와 평강이 임합니다. 선이 무엇인가? 하나님이 바로 선입니다. 무엇이든지 하나님이 원하는 것을 하면 그것은 선입니다. 심지어 전쟁도 하나님이 원하시는 거룩한 전쟁은 선입니다.

2. 하나님의 심판의 기준은 무엇인가?

주어진 기회대로 심판하십니다. 율법이 있는 유대인들은 율법을 가지고 심판을 하시고, 율법이 없는 이방인들에게는 자연과 양심과 생각을 통해서 심판하십니다. 본성이란 말은 바로 인간에게 주신 도덕성과 양심을 두고 하는 말입니다.

심판의 내용은 드러난 것은 물론 은밀한 것까지 하신다고 하였습니다. 누가 심판하시는가? '예수 그리스도로 말미암아' 한다고 하였습니다.

3. 어떻게 하면 영광과 존귀와 평강을 얻을 수 있는가?

인간은 근본적으로 이 세 가지를 추구하고 있습니다. 그러면 영광과 존귀와 평강은 무엇인가 알아보겠습니다.

(1) 영광이란?

하나님의 나라에서 하나님과 함께 누리는 신분상의 특권을 말합니다.

본래 영광은 하나님에게만 속한 것입니다. 따라서 이 세상에서 영광을 구하는 것만큼 어리석은 것은 없습니다. 주님의 영광은 그의 존귀를 통해서 나타났고 하나님의 우편에 앉아계심으로 나타납니다.

(2) 존귀란?

요셉이 총리대신이 되어서 애굽의 바로 왕과 함께 누리는 신분을 말합니다. 우리가 하나님의 자녀가 되면 함께 존귀를 누립니다.

(3) 평강이란

천국이 임하는 것을 말합니다. 마음에 천국이 임하면 평강이고, 가정에 천국이 임하면 화평이고, 사회에 천국이 임하면 평화입니다. 천국이란 작게는 예수님을 말하고, 좀 더 크게는 하나님의 통치이고, 가장 분명하게는 하나님의 통치가 이루어지는 지역을 말합니다.

(4) 선을 행하는 자에게 임합니다.

선이란 하나님이십니다. 구체적으로 말하면 하나님의 말씀대로 순종하는 자에게 임합니다. 크게 말하면 613개의 율법이요 줄이면 십계명이요 더 줄이면 경천애인이요 좀 더 줄이면 마 7:12절, 바로 황금률입니다. 은율이란 것이 있는데 그것은 자기가 싫은 것을 남에게 하지 않는 것입니다.

하나님의 공정한 심판

(롬2:1-8)

　많은 사람들은 자신을 도덕적이라고 생각하고 살고 있습니다. 그러면서 남들을 판단합니다. 모든 것을 자기의 표준에서 정죄합니다. 그러나 문제는 정죄하면서도 자신은 똑같은 잘못을 저지르고 있습니다.

1. 하나님의 심판 기준은 무엇인가?

　한 마디로 말해서 6절의 말씀처럼 행한 대로 보응하십니다. 즉 행한 대로 갚으십니다. 좀 더 구체적으로 말씀드리면

　(1) 공의로 심판하십니다

　벧전 2:23절에 보면 오직 공의로 심판하시는 자라고 했습니다.

　(2) 그 행위대로 판단하십니다

　외모로 보시지 않고, 각 사람의 행위대로 판단하시는 자라고 했습니다.

　(3) 공개적으로 심판하십니다

　재판하는 것을 보면 공개적인 재판이 있고 비공개적인 재판이 있는데 하나님의 재판은 공개적인 재판입니다(롬2:16).

　(4) 중요한 것은 그리스도를 통해서 심판하십니다.

　요 5:22절에 보면 심판을 다 아들에게 맡기셨다고 하였습니다.

2. 인간이 공통으로 가진 네 가지의 착각이 있습니다.

(1) 나는 하나님의 심판을 받지 않을 것이다

나는 하나님의 심판을 받지 않을 것입니다. 피할 수 있다고 받지 않을 것이라고 믿고 있습니다. 그러나 성경은 반문합니다. 3절에 "네가 하나님의 심판을 피할 줄로 생각하느냐".

(2) 사랑의 하나님이 사람을 심판하지는 않을 것이다

설마 사랑의 하나님이 사람들을 심판하지는 않을 것이라고 착각합니다. 이것은 심지어 칼 바르트라는 신학자까지 보편적 구원이란 주장을 했던 착각입니다. 그러나 4절에서 이렇게 반문합니다 "혹 네가 하나님의 인자하심이 너를 인도하여 회개케 하심을 알지 못하여 그의 인자하심과 용납하심과 길이 참으심의 풍성함을 멸시하느뇨".

(3) 자신은 근본적으로 선하다는 착각이다

더욱 놀라운 것은 자신은 근본적으로 선하다고 착각하고 있습니다.

(4) 나만은 지옥에 가지 않을 것이다

마음이 굳어졌는데도 그것을 깨닫지 못하고 있습니다. 자신의 죄가 눈에 보이지 않는 것은 없어서가 아니라 마음이 굳어져서 안 보이기 때문입니다. 그래서 회개를 하지 않습니다. 그뿐 아니라 많은 저주를 계속해서 쌓고 있습니다. 그러면서 자신은 지옥에 가지 않을 것이라고 착각하고 있습니다.

3. 오늘 우리가 살고 있는 삶의 기준은 무엇인가?

나는 남보다 더 우월하다고 믿고 있습니다. 나는 남보다 더 도덕적이라고 생각하고 있습니다. 하나님께서 나의 잘못은 이해하시고 용서하실 것이라고 생각하고 있습니다. 과연 그럴까요?

도대체 하나님의 심판의 기준은 무엇일까?

(1) 진리에 따라, 즉 성경말씀에 따라 심판

하나님의 공의에 따라 심판을 하는 것입니다. 2절에 "하나님의 판단이 진리대로 되는 줄을 우리가 아노라"고 했습니다.

(2) 행위에 따라 심판

선을 행하는 사람들에게는 상을 주시고, 악을 행한 사람에게는 심판을 하시는 것입니다.

3. 하나님의 심판은 7-8절에 자세히 언급되어 있습니다.

(1) 오직 당을 짓는 사람.

이것은 교회 안에서 당을 짓는 사람들을 말합니다. 또 진리를 좇지 아니하고, 불의를 좇는 사람들에게는 노와 분으로 심판하신다고 했습니다. 9절에는 "환난과 곤고가 있으리니"라고 했습니다.

4. 하나님의 심판을 피하는 비결은?

심판의 대상이 누구인가를 먼저 알아야 합니다.

(1) 주님을 믿지 아니하는 자입니다(요12:48)

(2) 경건치 아니한 자입니다(벧후3:9)

(3) 자기 처소를 떠난 천사들(유1:6), 즉 사탄과 귀신들입니다.

(4) 산 자와 죽은 자입니다(딤후4:1) 그러면 어떻게 할 때 이 심판을 면할 수가 있습니까?

(1) 아담과 하와의 경우에는 하나님의 가죽 옷을 입었을 때.

(2) 노아의 경우에는 방주 안에 들어가 있을 때.

(3) 예수 그리스도의 피에 묻혀 질 때. 그 피를 보고 심판이 넘어갑니다. 구약에는 이것을 유월절이라고 하고 신약에는 십자가가 바로 하나님의 심판을 면할 수 있는 길입니다.

하나님께 합당치 못한 것은?

(롬1:26-32)

영국의 황실에서는 왕족으로서 해야 할 일이 있고 해서는 안 될 일이 있어서 그 관습을 배우는데 많은 어려움이 있다고 합니다. 그런데 이것은 우리 성도들에게도 마찬가지입니다. 성도란 말 자체가 하나님께 속한 자라는 뜻입니다. 그래서 하나님께 속한 자로서 합당한 행실이 있고, 합당치 못한, 해서는 안 될 일이 있는 것입니다.

1. 하나님께 합당치 못한 것이 두 가지가 있다고 했습니다.

(1) 첫째로 몸을 욕되게 하는 것입니다.

왜냐하면 우리 몸은 하나님을 모시는 가장 작은 성전입니다. 그러므로 하나님이 주신 성전인 몸을 욕되게 하는 것은 우리 몸을 만드신 하나님을 욕되게 하는 것이고, 또 하나님이 우리의 몸에 거하실 수 없도록 하는 것입니다.

몸 자체는 결단코 더러운 것이 아닙니다. 하나님이 보시기에 좋았더라고 하였습니다.

(2) 마음에 하나님 두기를 싫어하는 것입니다.

인간의 마음은 공백이 불가능합니다. 인간은 하나님을 모시든가 아니면 자연히 사탄이 주인이 되어 우리를 다스립니다.

하나님을 두기 싫어하는 것은 여러 가지의 형태가 있습니다. 첫째로 이론적 무신론이 있습니다. 둘째는 실제적 무신론이 있습니다. 교인들 가운데도 이론적으로는 하나님을 믿지만 그러나 실제적으로는 하나님 없이 살아가는 사람들이 없지 않습니다.

2. 마음에 하나님 두기를 싫어하는 자들의 문제점

(1) 알면서도 죄를 짓는다.

32절, "이 같은 일을 행하는 자는 사형에 해당한다고 하나님의 정하심을 알고도".

모르면서 죄를 짓는 것보다 알면서 죄를 짓는 것이 더 무서운 형벌을 받습니다. 그것은 바로 내버려 두시는, 소위 유기단계에 버려지는 것입니다. 유기할 때는 회개할 기회가 없어지는 것입니다. 하나님의 주권적 은혜에서 제외되는 것입니다. 이것을 다른 말로 하면 성령 훼방죄라고 합니다.

많은 사람들은 하나님께 매 맞는 것을 두려워합니다. 그러나 그렇지 않습니다. 매를 맞을 때에는 그래도 하나님의 사랑이 있는 것입니다. 그러나 더 무서운 것은 죄를 짓는데도 하나님께서 내버려두는 것입니다. 이것은 유기상태이기 때문에 소망이 없습니다. 이것을 우리는 더 무서워해야 합니다.

(2) 심지어 악을 주장합니다.

"또한 그 일을 행하는 자를 옳다 하느니라"

이 세상은 다수가 항상 유리하기 때문에 다수가 불신자인 경우에는 구조 악이 심합니다. 이것이 오늘의 우리 사회의 문제입니다.

3. 우리는 어떻게 해야 합니까?

(1) 하나님의 은혜를 간구해야 합니다.

우리는 자신의 힘으로 의롭게 살 수가 없습니다. 하나님이 힘주셔야 하고, 하나님이 은혜를 주셔야 합니다. 롬 1:7절에 보면 "은혜와 평강이 너희에게 있을지어다."라고 했습니다.

그러면 이 은혜는 어디서 옵니까? 하나님 우리 아버지와 주 예수 그리스도로 좇아서 온다고 했습니다.

(2) 죄짓지 않도록 조심하고 살아야 합니다.

주기도문에 "다만 악에서 구원하옵소서"라는 말씀대로 악에 빠지지 않게 해야 합니다. 그러나 세상을 장애물 경주하듯이 사는 것보다는 선을 행하면서 사는 것이 더 쉽고 기쁩니다. 선이 무엇입니까? 선은 하나님의 일을 하는 것입니다.

(3) 성령의 열매를 맺으며 사는 것이 최고의 삶입니다.

이것은 그냥 되는 것이 아니라 영성을 개발하여야 성령의 열매를 맺게 됩니다.

(4) 입술의 열매인 찬양을 하면서 사는 것입니다.

왜냐하면 하나님은 이스라엘의 찬송 중에 거하시기 때문입니다.

하나님의 4대유기

(롬1:24-32)

하나님은 우리들을 사랑하시지만 때로는 우리들을 내버려 두실 때가 있습니다. 이것을 유기라고 합니다. 이것은 바로 하나님의 심판의 방법 중에 가장 무서운 것입니다.

1. 심판 방법중 가장 무서운 것은 유기(내어 버려두사, 내어 버려두셨으니)

학교에서 학생들을 처벌할 때, 여러 가지가 있습니다. 유기, 무기정학, 퇴학 등입니다. 사회에서도 죄에 대한 처벌에 벌금, 몇 년 형, 무기형, 사형 등이 있습니다. 내어 버려둔다는 말은 하나님의 유기를 말합니다. 이것이 바로 영원한 심판이기 때문에 두려운 것입니다.

2. 4가지 유기

(1) 더러움에 내버려 두심(24-25).

여기서 말하는 더러움은 정욕, 우상숭배 등으로 인해 몸과 마음이 더러워지는 것을 말합니다.

(2) 자연 범칙에 반하는 부끄러운 욕심에 내버려두심(26-27).

여기서 말하는 부끄러운 욕심이란 불명예, 수치, 퇴폐, 불타는 정욕을 말합니다.

(3) 사악하고 타락한 마음에 내버려두심(28-31).

타락하고 부패한 마음에 내버려둔다는 뜻입니다. 상실한 마음이란 하나님께 동의하는 것을 거절하고, 인정하기를 거절하고, 승인하기를 거절하는 것을 말합니다.

그 결과는 어떻게 됩니까?

29-31절에 기록된, 모든 불의, 추악, 탐욕, 악의, 시기, 살인, 분쟁, 사기, 악독, 수군수군함, 비방, 하나님의 미움, 능욕, 교만, 자랑, 악의 도모, 부모거역, 우매, 배약, 무정, 무자비 등.

(4) 최후의 심판을 받도록 내버려두심(32).

여기서 사형이란 최후의 심판인 지옥의 심판을 말합니다.

3. 왜 하나님은 내버려두시는가?

(1) 하나님보다 죄를 택하기 때문입니다.

죄를 택하면 죄의 노예가 되고, 죄가 즐거움과 행복을 가져다준다는 거짓말에 속게 됩니다. 그러나 죄는 모든 것을 파괴합니다. 몸, 가족, 친구, 영혼, 직업, 생각, 생명 등.

(2) 하나님을 등지기 때문입니다.

인간이 하나님을 등지면 하나님은 인간을 버릴 수밖에 없습니다. 그래서 자기의 길을 가도록 내버려 둡니다. 영적으로 버리고 자기가 선택한 대로 살도록 합니다.

4. 그러면 우리는 어떻게 해야 하는가?

(1) 사랑의 매를 때릴 때 돌아서야

하나님께서 사랑의 매를 때릴 때 돌아서야 합니다. 사랑의 매를 맞을 때 돌아서지 않으면 심판의 매를 때리십니다.

(2) 마음의 죄를 벗고 용서받아야

마음의 잡초는 뽑아내고, 더러운 죄는 용서함을 받아야 합니다.

(3) 기도와 말씀을 상고해야

날마다 하나님을 가까이 하는 생활을 해야 합니다.

하나님을 가까이하는 생활은 기도와 말씀을 상고하는 것입니다. 오늘 함께 기도하는 것은 바로 하나님을 가까이 하기 위해서입니다.

율법으로부터의 자유

(롬7:1-6)

1. 자유의 중요성

인간의 본질은 자유함에 있습니다. 자유가 없는 삶은 동물적인 삶이기 때문입니다. 그러므로 참 행복은 바로 자유함에 있는 것입니다. 그러나 문제는 자유란 외적인 것에만 있는 것은 아닙니다. 정치적인 자유나 경제적인 자유처럼 수평적인 자유도 있지만 양심의 자유나 죄로부터의 자유처럼 수직적인 자유도 있는 것입니다. 성경에서는 수직적인 자유에 더 강조점을 두고 있습니다.

2. 로마서에 나타난 자유의 종류

성경에는 여러 가지 자유가 나옵니다.

정치적인 자유(출14:30-31)

신분의 자유(출21:2)

영적인 자유(시119:45)

신앙의 자유(행29:31)

양심의 자유(고전10:29)

그러나 로마서에서는 3가지 중요한 자유가 나옵니다. 이것이 바울이 말하는 구원의 개념입니다.

율법으로부터의 자유(7:6; 갈3:13)

죄로부터의 자유(6:18)

죽음으로부터의 자유(6:8)

3. 율법으로부터의 자유를 얻는 비결

누가 자유를 주는지를 알아야 합니다.

진리를 깨달아야 한다(요8:32)

하나님의 아들 그리스도께서 자유케 할 때(요8:36)

생명과 성령의 법이 자유케 해줄 때(롬8:2)

주의 영이 계신 곳에(고후3:17)

4. 율법으로부터의 자유를 얻은 자의 생활

육체의 기회를 삼지 말아야 한다(갈5:13)

율법의 멍에를 다시 메지 말아야 한다(갈5:1)

악을 가리는데 쓰지 말아야 한다(벧전2:16)

타인의 자유를 판단하지 말아야 한다(고전10:29)

자신의 자유의 행사가 약한 자에게 거침이 되지 말아야 한다(고전8:9)

맺는 말

자유는 먼저 얻어야 할 가치가 있습니다. 그러나 얻었다 해도 바로 사용해야 더욱 의미가 있는 것입니다. 그래서 자유는 무엇으로부터 자유함을 받았느냐?와 함께 무엇을 위한 자유냐?가 중요한 것입니다. 바라기는 우리들이 모두가 참 자유를 소유한 자들이 될 뿐만 아니라 바로 사용해서 하나님께 큰 영광 돌릴 수 있기를 축원합니다.

복음은?

(롬1:16-17)

하나님께서 우리들에게 주신 최고의 선물은 복음입니다. 그러나 많은 사람들은 이 복음을 귀한 줄 모르고 마치 다이아몬드를 가지고 공기놀이를 하며 노는 아프리카의 흑인 아이들과 같습니다. 그러나 우리들은 이 복음을 통해서 하나님을 알게 되었고, 믿게 되었고, 복을 받게 되었습니다.

1. 복음이 무엇인가?

복음이란 Good News dlek. 여기서 영어의 O자를 하나 빼면 God News란 말이 되는데 그것이 바로 복음입니다. 하나님의 소식이 바로 복음입니다. 이 복음은 News라는 말대로 north(북), east(동), west (서)south(남)의 모든 사람들에게 주신 것입니다.

사실 저도 신문과 방송을 듣지만 세상의 소식은 아무리 들어도 은혜가 안 되고 기쁨이 없습니다. 그러나 하나님 소식은 듣는 모든 사람들에게 기쁨을 주고 구원을 가져다줍니다.

그러면 좀 더 구체적으로 복음이 무엇입니까? 예수님을 이 땅에 보내셨다는 소식입니다. 죄인이 우리들을 구원하기 위해서 우리 대신 십자가를 지시고 죄 값을 지불했다는 소식입니다.

2. 복음의 역사는?

(1) 구원을 가져다줍니다.

구원이란 건져주신다는 뜻입니다. 죄로부터 건져주시고, 정죄로부터 건져주시고, 지옥의 심판으로부터 건져주십니다.

(2) 하나님의 능력이 됩니다.

복음은 연약한 우리들을 강하게 만듭니다. 그래서 죄와 싸울 힘을 주시고, 사탄과 싸울 힘을 주시고, 세상과 싸울 힘을 주시고, 자신과 싸울 힘을 주십니다.

(3) 하나님의 의가 나타났습니다.

인간은 의를 추구합니다. 그러나 인간의 의란 때 묻은 의요 하나님 앞에 설 수 없는 의입니다. 그러나 하나님의 의, 즉 예수 그리스도를 통해서 전가되는 이 하나님의 의는 우리를 의인으로 만들고, 하나님의 자녀로 만들고, 하나님의 축복을 받게 해주십니다.

3. 그러면 우리는 이 복음을 어떻게 해야 합니까?

(1) 먼저 받아들이고 믿어야 합니다.

음식은 먹어야 힘이 되고, 영양이 됩니다. 보는 것만으로는 배가 부르지 않습니다. 복음도 마찬가지입니다. 복음은 받아들이고 믿어야 힘이 됩니다.

(2) 내가 빚진 자란 심정을 가져야 합니다.

우리는 다 복음에 빚진 자입니다. 바울은 바로 이 복음에 빚진 자란 심정을 가지고 일생을 복음을 전하며 살았습니다. 우리도 빚진 자임을 알아야 합니다. 이것은 듣지 못한 모든 사람들에게 전달해야 한다는 뜻입니다.

(3) 오직 믿음으로 살아야 합니다.

복음은 우리들에게 믿음을 줍니다. 작은 믿음을 큰 믿음으로 만들어 줍니다. 그러므로 우리들은 복음을 통해서 전달되고, 자라게 한 믿음을 가지고 살아야 합니다. 믿음을 가지면 두려움이 없어지고, 믿음이 있으면 의인이 되고, 믿음이 있으면 세상이 감당 못할 사람이 됩니다. 복음은 이런 사람들을 만들어 내는 역할을 합니다.

죄 사함을 받을 때

(행2:37-41)

　우리 인간을 불행하게 만드는 것이 바로 죄란 바이러스입니다. 이 죄가 들어가면 먼저 마음에 고통이 생기고, 근심과 걱정이 생기고, 다음에는 가정이 깨어지고, 또 사회가 부패하여집니다. 그래서 역사를 보면 인간은 세 가지 중요한 문제를 안고 그 문제를 해결하려고 노력해온 것을 볼 수 있습니다. 첫째는 오늘 말씀드리려고 하는 죄의 문제이고, 다음은 죽음의 문제이고, 셋째는 어떻게 하면 보람 있게 살 수 있는가 하는 의미의 문제였습니다.

　그중에서도 이 죄의 문제를 해결하기 위해서 국가에서는 법을 무섭게 강화하고, 많은 경찰서를 만들고, 또 교도소를 설치해서 죄가 번지지 않도록 죄수들을 격리시키고, 또 많은 학교들을 만들어 교육도 합니다. 그러나 죄의 바이러스는 세계적으로 점점 더 번져갑니다. 저는 한국에서만 죄가 심각한 줄 알았더니 일본도 예외가 아닌 것을 보았습니다. 리쿠르트 사건을 비롯해서 왜 그렇게 정치가 부패했는지 알 수가 없습니다. 그러나 이 죄는 국가가 해결을 못합니다. 오직 예수님만이 해결해주실 수 있습니다. 믿습니까? 그것도 오직 십자가를 통해서만이 해결할 수 있는 것입니다. 오늘은 베드로의 두 번째 설교를 통해서 함께 죄 사함을 받는 비결과 또 죄 사함을 받을 때 어떤 현상이 일어나는 지를 함께 살펴보면서 은혜를 나누려고 합니다.

1. 베드로의 오순절 설교

오순절에 참석한 모든 제자들이 방언을 듣고 새 술에 취하였다고 조롱을 당했습니다. 여기서 베드로는 자신들에게 임한 성령의 역사와 외적으로 나타난 방언현상을 설명하기 위해서 그들 앞에서 설교를 시작한 것입니다. 사도행전에는 베드로의 설교가 9개가 수록되어 있는데 그 중에서 두 번째의 설교가 오늘의 말씀입니다.

베드로의 설교의 구조를 보면, 직접적 담화로 시작합니다. 다음에는 주의를 기울이라는 호소를 합니다. 특별히 청중들의 오해를 지적하여 저들을 회개하게 합니다. 구약성경을 인용해서 이것이 성경에 근거한 것임을 깨닫게 하였습니다. 베드로의 설교를 보면 기독론적 메시지가 중심을 이루고 있습니다. 마지막으로 회개에 대한 권면과 구원의 선포로 끝나고 있습니다.

2. 먼저 죄 사함을 받으려면?

(1) 말씀이 임해야

첫째로 37절에 "이 말을 듣고"라고 했습니다. 하나님의 말씀이 임해야 회개하게 됩니다.

(2) 애통하는 마음이 와야

둘째로 형제들아 우리가 어찌 할꼬 하는 애통하는 마음이 와야 합니다. 이것은 죄에 대한 깨달음을 말합니다. 하나님의 말씀이 임하면 생겨지는 결과는 마음에 찔리는 가책이 옵니다.

(3) 회개할 때 해결

셋째는 "회개하여" 죄는 요일1:9절의 말씀대로 회개할 때 해결됩니다.

(4) 세례를 받아야

넷째로 세례를 받아야 합니다. "각각 예수 그리스도의 이름으로 세례를 받고" 세례에는 두 가지 종류의 세례가 있습니다. 하나는 물세례이고 다른 하나는 성령세례입니다. 이 둘은 사실은 손바닥과 손안과 같이 하나입니다. 여기서 성령세례를 받을 때에 우리는 "죄 사함을 얻으리라"는 말씀대로 하나님의 사죄의 축복이 임하는 것입니다.

3. 죄 사함을 받은 후에 주시는 축복은?

(1) "성령을 선물로 받으리니" 누구에게 성령을 선물로 주십니까?

가) "너희와"(당시의 유대인들)

나) "너희 자녀와"(유대인 후손들)

다) "모든 먼데 사람"(여기에 저와 여러분들이 포함됩니다)

(2) "제자의 수가 삼천이나 더하더라"(교회의 성장).

본래 교회의 성장이란 말은 하나님의 교회의 성장이란 말에서 유래하였습니다. 그러나 그 후에 '하나님의'란 말이 떨어지고, 마치 개교회의 성장만을 뜻하는 것으로 오해되고 있습니다. 교회는 하나의 공동체이기 때문에 모든 교회가 다 같이 성장하도록 해야 합니다. 그러려면 성령을 선물로 받고 뜨거워져야 합니다. 그런 축복이 저와 여러분들 모두에게 임하기를 축원합니다.

그리스도 안에 있는 자에게는

(롬8:1-4)

로마서 7장까지는 'in flesh'에 대해서 언급했습니다. 그러나 8장에서는 'in Christ'에 대해서 살펴보게 됩니다. 육체 안에서란 말은 아담의 성품을 두고 하는 말이고, 그리스도 안에서는 주님의 성품을 두고 하는 말입니다.

1. 인간이 가지고 있는 가장 큰 문제는?

성화의 문제입니다. 바로 이 문제를 다루고 있는 것이 바로 로마서 8장입니다. 좀 더 구체적으로 말씀드리면 하나님 앞에서 정죄함을 받지 않으려면 어떻게 해야 하는가입니다. 왜냐하면 영원한 형벌을 받기 때문입니다. 정말 지금 죽어도 하나님 앞에서 정죄함을 받지 않을 자신이 있습니까? 없다면 이번 기회에 말씀의 은혜를 받아 확신을 가지시기 바랍니다.

2. 롬 8:1절에 놀라운 복음이 본문에 나옵니다.

"그러므로 이제 그리스도 예수 안에 있는 자에게는 결코 정죄함이 없나니" 그리스도 안에 있으면 용서함을 받고, 새 생명을 소유하게 됩니다. 부정적인 표현을 사용하면 정죄함을 받지 않는다는 말씀입니다. 영원히 사는 길이 나옵니다.

우리가 갈등하는 것은 무엇 때문입니까?

물론 우리는 예수를 믿으면 의롭다함을 받고, 구원이 보장되는 것을 잘 알고 있습니다. 그러나 문제는 우리가 하나님의 법과 죄의 법 사이에서 투쟁을 하고 있는 현실, 그 갈등이 문제인 것입니다.

3. 왜 그리스도 안에 있으면 정죄함이 없습니까?

2절에 그 이유가 나옵니다.

"죄와 사망의 법에서 너를 해방하였음이라"

법에는 세 가지 종류가 있습니다.

첫째는 모세의 율법입니다. 모세의 율법은 옳지만 힘이 없습니다.

둘째는 죄와 사망의 법입니다. 힘은 있으나 옳지 않습니다.

셋째는 성령의 법이 있습니다. 이것은 옳을 뿐만 아니라 힘이 있습니다.

바로 이 성령의 법이 우리를 해방시켜주는 것입니다. 요한복음 8:32절에 보면 "진리를 알지니 진리가 너희를 자유케 하리라" 바로 본문의 "성령의 법이……. 너를 해방하였음이라"는 뜻과 똑같은 뜻입니다.

성령의 법이 어떻게 역사합니까? 로마서 8장에 보면 네 가지로 언급하고 있습니다.

(1) 육신을 굴복시킨다고 했습니다(5-13).

(2) 양자됨을 증거해 줍니다(14-17절).

(3) 기업의 보증이 됩니다(18~25).

(4) 기도할 때에 연약함을 도와줍니다(26-27절).

4. 무엇으로부터 우리를 해방하는가?

율법과 죄와 사망으로부터 해방합니다. 인간은 적어도 크게 세 가지에 얽매여 살고 있습니다. 첫째는 율법이요, 둘째는 죄악이요, 셋째는 사망입니다.

5. 무엇이 우리를 해방하여 줍니까?

"생명의 성령의 법이" 생명을 주는 법인 성령의 법입니다. 그래서 영어 성경에는 life-giving Spirit이라고 번역했습니다. 이 성령의 법은 거듭나야 받습니다. 누가 거듭납니까? 요 3:5절 "물과 성령으로 거듭나지 아니하면 하나님 나라에 들어갈 수 없느니라.

6. 'in Christ'라고 한 주님의 뜻은?

"율법의 요구를 이루어지게 하려 하심이니라" 십자가 위에 다 이루었다고 했을 때 주님은 율법의 요구를 다 이루었습니다. 구체적으로 율법의 요구는 거룩하고 의로운 삶을 사는 것을 말합니다.

7. 우리가 하나님 앞에서 정죄함을 받지 않으려면?

(1) '그리스도 안에' 있어야 합니다.

그리스도 안에 있다는 말은?

가) 그리스도를 믿는다는 뜻입니다.

나) 그리스도의 말씀을 따라 산다는 뜻입니다.

다) 모든 것을 그리스도에게 맡긴다는 뜻입니다.

(2) '그 영을 좇아 행하는 우리에게'

두 번째 비결은 성령을 좇아 행하여야 합니다. 내주하시는 성령의 지시를 받아야 합니다. 구체적으로 어떻게 받습니까? 기도할 때 받습니다. 말씀을 통해서 묵상하고 하나님을 기쁘게 해드리려고 할 때 받습니다. 순종할 때 성령을 받습니다.

맺는 말

이제 설교를 맺으려고 합니다.

1. 지금 나의 신분은 무엇입니까? '결코 정죄함이 없나니' 믿습니까?

2.중요한 것은 실제로 죄와 싸워서 이기는 것인데 어떻게 우리가 이길 수 있습니까?

(1) 그리스도 안에서 의롭다 함을 받아야 합니다.

(2) 성령의 권능을 통해서 영적 힘이 생겨져야 합니다.

(3) 기도와 말씀을 통해서 영적 은사를 받아야 합니다.

이런 귀한 축복이 저와 여러분들에게 함께 하시기를 축원합니다.

은혜 아래서 살려면?

(롬6:15-23)

이 세상에는 두 가지 종류의 삶이 있습니다. 하나는 법아래 사는 삶이 있고, 다른 하나는 은혜 아래서 사는 삶이 있습니다. 법 아래에서 사는 사람은 죄의 종이요, 은혜 아래서 사는 사람은 의의 종입니다. 그러므로 우리 모두가 다 의의 종으로서 은혜 아래 사는 삶을 살 수 있기를 바랍니다. 왜냐하면 법아래 사는 사람은 항상 부정적이고, 불만이고, 언제인가 다가올 정죄 때문에 두려움과 불안 속에서의 삶이기 때문입니다. 그러므로 오늘 저녁에는 우리의 삶을 말씀의 거울에 비추어 보면서 우리 모두가 은혜아래 사는 성도들이 되시기를 축원합니다.

1. 은혜 아래 사는 사람은 법아래서 살지 말아야 합니다(15절)

여기서 법이란 말은 율법을 말합니다. 율법 아래서 사는 사람은 항상 자신의 의로움을 나타내려고 합니다. 그러다 보니 외식에 빠지게 되고, 자기의 자랑을 많이 하게 됩니다. 하나님에게 보이는 것보다는 사람들에게 보이려고 합니다. 그래서 항상 외식하기에 피곤합니다. 없는 것을 있는 것처럼 하려니 외식이 많고, 자랑이 많고, 자기중심적입니다. 이런 사람은 결단코 은혜 아래 살 수가 없습니다

2. 오직 은혜 아래 살기를 소망해야 합니다(15절).

은혜 아래 사는 사람에게는 몇 가지의 특징이 있습니다.

첫째는 자기 자신의 부족을 항상 깨닫고 있습니다.

둘째는 그래서 언제나 겸손합니다.

셋째는 자기중심이 아니라 주님 중심의 삶을 삽니다.

넷째는 은혜 아래 살고 있기 때문에 항상 쉬지 않고 감사의 기도를 합니다.

다섯째는 땅의 것을 바라보지 않고, 위의 것을 바라보고 삽니다. "너희는 그 나라와 그 의를 구하라. 그리하면 이 모든 것을 너희에게 더하시리라."

이런 사람은 하나님의 은혜가 항상 넘칩니다. 모든 것을 긍정적으로 보고, 범사에 감사하는 생활을 하는 것입니다. 이런 삶을 저와 여러분 모두가 함께 살 수 있기를 축원합니다.

3. 끝내 죄의 종이 되지 말아야 합니다(16절).

누가 죄의 종입니까? 죄를 지은 사람은 다 죄의 종입니다. 그러나 한 가지 예외가 있습니다. 그것은 죄를 지었지만 회개한 사람입니다. 회개하면 죄의 사슬에서 벗어나기 때문입니다. 결코 죄에게 얽매이지 않습니다. 그래서 죄의 종이 되지 않습니다. 그러나 죄를 짓고도 회개하지 않으면 그 사람은 반드시 죄의 종이 됩니다. 예외가 없습니다. 죄는 마치 폭군처럼 죄인들을 지배합니다. 이것이 참으로 무서운 것입니다.

죄의 종이 된 사람에게는 몇 가지의 특징이 있습니다. 계속적으로 죄를 짓습니다. 의로운 척합니다. 형식적인 기도를 합니다. 말씀을 멀리하고 세상을 가까이하는 생활을 합니다. 자기중심의 생활을 합니다. 유명해지려고만 합니다. 그러나 마음에는 참 기쁨이 없습니다. 그러므로 우리는 회개해서 죄의 종의 자리에서 벗어날 수 있기를 축원합니다.

4. 오직 의의 종이 되어야 합니다(18절)

"너희 지체를 의에게 종으로 드려 거룩함에 이르라"(19절). 의의 종은 몇 가지의 특징이 있습니다. 자기중심이 아니라 하나님 중심으로 삽니다. 자신을 주님께 헌신합니다. 거룩한 삶을 삽니다.

무엇이 거룩한 삶입니까? 거룩한 삶이란 구별된 생활을 말합니다. 무엇에서 구별됩니까?

첫째는 세상에서 구별됩니다.

둘째는 죄악에서 구별됩니다.

셋째는 불신자들에서 구별됩니다.

5. 하나님께 종이 되어 거룩함에 이르러야 온전한 은혜 생활을 합니다(22절)

은혜를 받아도 하나님께 온전히 헌신하지 않으면 다시 죄의 멍에를 멜 수가 있기 때문입니다. 우리가 하나님의 종이란 말을 많이 합니다만 누가 하나님의 종입니까? 여기서는 좁은 의미에서 말하는 것이 아닙니다. 넓은 의미에서 말씀하고 있는 것입니다. 넓은 의미에서의 하나님의 종이란 소속이 하나님께 속해 있는 사람을 뜻합니다. 하나님의 말씀에 죽기도 하고, 하나님의 말씀에 살기도 하는 사람을 말합니다. "내가 사나 죽으나 주의 것이로다." 그래서 항상 하나님 중심, 말씀 중심, 교회 중심의 삶을 삽니다. 자신을 기쁘게 하는 삶을 살지 않습니다. 주인이신 주님을 기쁘게 하는 삶을 삽니다. 자신의 영광을 구하지 않고, 주인이신 주님을 기쁘게 하려고 합니다. 바로 이것이 은혜 아래 사는 삶입니다.

맺는 말

예수를 믿는다고 하면서 법아래 사는 사람들이 의외로 많습니다. 이런 사람은 항상 우울합니다. 부정적입니다. 모든 일에 불평이 많습니다. 왜냐하면 율법으로 재고, 달고 계산만 하기 때문입니다. 그래서 기쁨이 없습니다. 왜냐하면 율법의 사슬에 묶여서 살고 있기 때문입니다. 그러므로 우리는 은혜 아래서 살기를 바랍니다.

은혜아래 사는 사람은 항상 기뻐하고, 쉬지 않고 기도하고, 범사에 감사합니다. 왜냐하면 내가 무엇을 하는 것이 아니고, 하나님께서 모든 것을 인도하시고, 주장하는 것을 믿기 때문에 반드시 승리한다는 믿음이 있기 때문입니다.

그러므로 우리 모두 은혜 아래 살면서 천국의 기쁨을 맛볼 수 있기를 축원합니다.

하나님의 진노

(롬1:18-23)

바울은 당시에 고린도에 있으면서 로마서에 보내는 편지를 쓰고 있는 것입니다. 그의 1장에서의 여러 가지 현황묘사는 이런 배경에서 기록하고 있는 것입니다. 하나님의 진노는 지금도 일하고 있는데 그 원인은 무엇인가?

1. 하나님의 진노가 임하는 원인은?

구약시대에 보면 하나님의 진노가 임하는 원인을 크게 두 가지로 말씀하고 있습니다. 선민 이스라엘이 하나님과 맺은 언약을 어겼을 때와 선민을 핍박하거나 이웃에게 불의를 행할 때였습니다. 그러나 신약에 오면 롬 1:18절의 말씀처럼

(1) 불 경건

종적으로 범죄 했을 때, 즉 우상을 숭배하였을 때(제1계명에서 제4계명까지). 23절에서는 하나님의 영광을 썩어질 사람의 형상의 우상이나 동물의 형상으로 만든 우상과 "바꾸었느니라."

(2) 불의

횡적으로 범죄 했을 때, 즉 이웃에게 불의를 행할 때(제5계명에서 제10계명까지).

2. 불신에 대한 사람들의 핑계

세상에는 핑계 없는 곳이 없다. 핑계 없는 무덤이 없다는 말과 같다. 처녀가 애기를 낳아도 핑계가 있다고 합니다. 믿지 않고 있는 불신의 핑계로 자기들에게는 율법을 들을 기회도 없었고, 복음을 들을 기회도 없었다는 핑계를 합니다. 그러나 하나님은 자연계시 혹은 일반계시(자연과 양심)를 우리에게 주셨다. "하나님을 알만한 것" 즉 하나님 지식을 주셨기 때문입니다. 양심은 율법이나 복음의 내용과 다르지 않기 때문입니다. 다만 그 진함과 선명성에서 차이가 있을 뿐입니다.

3. 오늘의 현황은?

(1) "하나님을 알되"

하나님 지식이 없는 것은 아닙니다. 문제는 알면서도 하나님이 원하시는 영광을 돌리지 않고 있는 것입니다. 모든 것이 다 하나님의 것이란 것을 알면서도 감사하지 않고 있습니다. 문제는 쓸모없는 것을 추구하고 있다는 점입니다.

(2) 지금 우리는 무엇을 추구하고 있는가?

우리의 우선순위는 무엇인가? 우리 삶의 목적은 무엇인가? 하나님의 진노를 받지 않으려면 어떻게 해야 하는가? 그것은 관계를 바로 가지는 것입니다. 십계명은 바로 이 관계를 바로 가지도록 가르쳐주신 것입니다. 바라기는 우리의 관계가 바로 회복되어지기를 바랍니다.

약속의 말씀은?

(롬9:6-13)

인간은 인격적 존재이기 때문에 서로 간에 약속이 있고, 그 약속대로 일을 진행합니다. 국가 간에는 조약이란 것이 있고, 사회적으로는 계약이 있고, 개인 간에는 약속이 있습니다. 오늘은 하나님이 주신 약속의 성격에 대해서 말씀드리겠습니다.

1. 사람들의 약속은?

한국에서 선거에 참여해 보신 분들은 선거 때의 공약, 즉 공적인 약속은 결국 공약(空約), 즉 텅 빈 약속이란 것을 잘 알고 있습니다. 이것이 사람들의 약속의 성격입니다. 미국은 약간 다릅니다. 비교적 선거 때의 약속을 지키려고 애를 씁니다. 그러나 인간의 부족과 연약함 때문에 그 약속도 별로 이루지 못한 채 끝나고 맙니다. 그러므로 사람의 약속은 변덕이 죽 끓듯 하고, 항상 변수가 많은 것입니다. 그러므로 사람을 믿지 말고 다만 사랑하기를 바랍니다.

2. 하나님의 약속은?

그러나 하나님의 약속은 전혀 그 성격이 다릅니다. 절대로 폐하여지지 않습니다. 6절에 보면 "하나님의 말씀이 폐하여진 것 같지 않도다"고 했습니다. 하나님의 약속은 인종이나 제도나 혈통이나 남녀나 성의 구별이 없습니다.

그러므로 하나님의 약속은 영원불변하십니다. 믿습니까?

오늘 본문에 보면 이스라엘의 구원에 대한 하나님의 약속은 이스라엘의 변질과 배신으로 인해서 연기가 된 것은 사실이지만 그러나 폐하여지지 않았다는 것이 오늘 본문에 기록된 바울의 역사철학입니다. 이것은 우리들에게도 마찬가지입니다. 하나님의 약속은 절대로 폐하여 지지 않습니다. 일점일획도 남김없이 다 이루어집니다. 믿습니까?

3. 하나님의 약속을 받으려면?

(1) 먼저 하나님의 약속을 믿어야 합니다.

아무리 혈통적으로 아브라함의 후손이라 할지라도 그들에게 이루어지는 것이 아니라 믿음의 후손들에게 이루어진다고 했습니다. 우리가 정말 아브라함과 같은 축복을 받기를 원하십니까? 그렇다면 믿음을 소유하시기 바랍니다. 아브라함이 믿었던 것처럼 우리도 믿어야 그 축복을 공유할 수 있습니다.

(2) 약속을 주실 때의 명령을 지켜야 합니다.

아브라함에게는 창세기 12:1절에 보면 "너는 너의 본토, 친척 아비집을 떠나 내가 네게 지시할 땅으로 가라"고 했습니다. 세 가지를 떠나라고 했습니다.

첫째는 본토를 떠나라. 고향을 떠나라. 왜냐하면 세상의 고향이 우리의 참 고향이 아니라 하나님의 나라가 우리의 영원한 고향이기 때문입니다. 우리는 세상의 고향에 얽매여서 선거 때 보면 추한 꼴을 면하지 못합니다. 지연에 얽매어 있는 한 참 신자가 될 수는 없습니다. 그런데 당시 아브라함이 살고 있던 갈대아 우르 지역이 아주 땅이 비옥하여 목축업을 하는데 최적의 장소였습니다. 그래서 그곳을 떠난다는 것은 참으로 어려운 일이었지만 하나님의 명령에 의해서 아브라함은 떠났습니다.

둘째는 친척을 떠나라고 했습니다. 혈통에 얽매어서는 안 된다는 뜻입니다. 지금 한국의 회사들이 망하는 이유는 혈통주의를 벗어나지 못하기 때문입니다. 심지어는 교회도 혈통주의에서 벗어나지 못하여 자식에게 교회를 상속시키는 구시대적 사고방식을 가진 사람들이 의외로 많습니다.

셋째는 아비 집을 떠나라고 했습니다. 왜냐하면 아브라함의 아비인 데라는 전설에 의하면 우상 장수였습니다. 최소한 그는 우상 숭배자였습니다. 달 신인 나나르를 섬겼습니다.

왜 하나님은 이런 어려운 명령을 했을까요? 인간의 환경을 만들기도 하지만 일단 만든 환경은 다시 사람들의 심성과 성격과 방향을 결정하기 때문입니다. 그래서 환경이 중요한 것입니다. 오늘 우리들에게도 하나님이 주시는 명령이 있습니다. 그것을 지켜야 합니다. 그 명령은 하나님의 축복을 받는데 방해가 되는 것을 제거하라는 명령입니다. 죄악을 떠나라. 어떤 때는 직장을 떠나라고 합니다. 친구를 떠나라고 합니다. 그것이 무엇인지를 깨달을 수 있기를 축원합니다.

(3) 약속이 이루어질 때까지 참고 기다려야 합니다

끝으로 하나님의 약속이 이루어질 때까지 참고 기다려야 합니다. 하나님이 아브라함에게 주신 약속은 크게 세 가지입니다. 첫째는 아들을 주겠다. 둘째는 가나안 땅을 주겠다. 셋째는 복의 근원이 되게 하겠다는 것이었습니다.

아브라함은 75세 때에 아들의 약속을 받았습니다. 그러나 아브라함은 생각처럼 그렇게 25년을 참고 견디지 못했습니다. 처음에는 엘리에셀을 양자로 삼으려고 했습니다. 그러나 하나님께서 거절하셨습니다. 다음에는 하갈이란 종을 통해서 대를 이으려고 합니다. 이번에는 하나님께 물어보지도 않고 그랬습니다. 그래서 이스마엘이란 아들을 낳았고, 그것은 오늘에 이르도록 이스라엘의 영원한 골칫거리가 되고 있습니다. 마침내 25년이 지난 다음, 백세가 되었을 때에 이삭이란 아들을 낳은 것입니다.

가나안 땅의 약속은 430년이 지난 뒤에야 이루어졌습니다. 복의 근원이 된다는 약속은 예수 그리스도가 이 땅에 오셨을 때에야 비로소 이루어졌습니다. 이처럼 하나님의 약속은 한꺼번에 이루어지는 것도 아니고, 금방 이루어지는 것도 아닙니다. 그러므로 참고 인내해야 합니다. 아브라함이 아들의 약속을 참고 인내하지 못하여 실수한 것처럼 우리도 참지 못하면 큰 실수를 하게 됩니다.

예수와 합하여

(롬6:1-11)

바울은 5:20절에서 '죄가 더한 곳에 은혜가 넘쳤나니'라고 했습니다. 이것은 우리의 체험이 말해 줍니다. 왜냐하면 큰 죄는 기억하기가 쉽고 구체적으로 회개하기가 쉽지만 작은 죄는 기억하기도 어렵고 회개하기도 기억이 안 나서 어렵기 때문입니다.

그러자 은혜 반대론자들이 이렇게 반박합니다. 그러면 은혜를 더하기 위해서는 죄를 더 지어야 한다고. 1절을 봅시다. 그 반박이 1절에 나옵니다. '그런즉 무슨 말을 하리요. 은혜를 더하게 하려고 죄에 거하겠느뇨.' 이것은 바울의 은혜의 원리를 반박하는 자들의 질문을 인용한 것입니다.

바울은 2절에서 간단하게 대답합니다. '그럴 수 없느니라.' 왜 그럴 수 없습니까? 바울은 그 이유를 이렇게 간단하게 말합니다. '죄에 대하여 죽은 우리가 어찌 그 가운데 더 살리요.' 그렇습니다. 죽으면 아무런 영향을 못 줍니다. 물론 북한에서는 죽은 김일성이 지배하는 세계에 유례없는 나라이기는 합니다만.

그러면서 여기서 바울은 그리스도인들의 삶을 '하나님 앞에서 의롭게 사는 것'으로 규정하고 있습니다. 쉽게 말하면 하나님은 그 자신이 의로울 뿐 아니라 그를 믿는 자들에게 의를 주시는 분이십니다. 믿습니까?

그러면 구체적으로 하나님은 어떻게 우리를 의롭게 하십니까? 그것

은 행위로 말미암음이 아니고, 오직 믿음으로 말미암아 의롭게 된다고
했습니다. 사실 행위로 의롭게 될 사람이 세상에는 한 사람도 없습니다.
여기서 우리가 주목할 것은 의를 전가 받는다는 점입니다. 그리고 그런
성도는 의롭게 사는 것이 특징이라는 것입니다.

그러면서 바울은 먼저 은혜에 대한 잘못된 개념을 수정하여 줍니다.
3절 이하는 세례를 예로 들어서 왜 우리가 죄 가운데 머무를 수 없음을
설명합니다. 이미 죄에 대하여 죽었기 때문이란 것입니다. 다시 말하면
우리가 죄를 지었을 때에는 죄의 종이기 때문에 죄의 지배를 받지만 일
단 죄에 대하여 죽은 뒤에는 죄는 우리를 지배할 권리도 없고 또 우리
가 죄를 섬길 의무도 없다는 것입니다.

그러면 언제 우리가 죄에 대하여 죽었습니까? 그것은 세례를 받을 때
입니다. 세례란 주님이 내 대신 십자가에서 죽으신 것, 내 대신 형벌을
받으신 것을 고백하는 것입니다. 따라서 우리는 세례를 받는 순간에 과
거의 나는 주님과 함께 죽는 것입니다. 여러분 세례 받을 때에 우리가
문답을 하고 고백하지 않습니까? 그리스도 외에는 의롭게 될 수 없다
고, 그러면서 예수님이 날 위해 십자가에서 죽으셨습니다. 하고 고백
하였습니다. 이 고백이 바로 하나님 앞에서 십자가에서 주님과 함께 죽
는 법적인 효과를 나타내는 것입니다.

그래서 우리는 다 세례를 한 번밖에 안 받습니다. 육신도 한 번밖엔
안 죽듯이 영적으로도 한 번 십자가에 못 박혀 죽으면 그것으로 끝나는
것이기 때문입니다.

우리가 잘 알듯이 죽으면 다시 살 수가 없습니다. 죽음은 일회적인
것입니다. 따라서 죄에 대하여 한 번 죽으면 다시 살 수가 없습니다. 따
라서 세례를 받은 사람들은 다 죄에 대하여 죽은 사람들이기 때문에 죄
의 지배를 받아서는 안 됩니다. 그러므로 죄와 상관없는 삶을 살아야

합니다.

3절에 '예수와 합하여' 오늘의 설교제목인 이 단어는 아주 중요한 단어입니다. 세례를 받을 때에 우리는 성부, 성자, 성령의 이름으로 받았습니다. 좀 더 정확하게는 예수님과 합하고 연결되고, 연합하여 세례를 받은 것입니다. 옛 사람, 죄의 지배를 받는 사람은 이제 죽은 것입니다. 그 장례식이 바로 세례식입니다. 우리가 장례식을 지내고 나서도 그 사람이 호적에 있다면, 살아 있는 것처럼 의식을 행한다면 이것은 미친 사람이나 하는 짓입니다. 그런데 불행하게도 우리는 이런 미친 짓을 지금 계속하고 있습니다. 지금 우리의 상전은 죄가 아닙니다. 주님이십니다.

물론 세례식을 통해서 죄에 대하여 죽는다고 실제적인 죄의 영향이 없는 것은 아닙니다. 그러나 한 가지 달라지고 변하는 것이 있습니다. 그것은 세례를 받기 전에는 죄가 독재를 했습니다. 하는 일마다 죄였습니다. 나의 의지와 상관없이 우리는 죄를 지으면서 살아왔습니다. 그러나 세례를 받은 뒤부터는 나에게 죄를 지을 수도 있지만 선도 행할 수 있는 선택의 여지가 생기게 된 것입니다. 이것이 변화입니다. 이것은 차이점입니다.

지금 우리가 아직도 죄를 짓고 있다면 이것은 내 의지입니다. 죄의 지배 때문이 아닙니다. 나의 연약함 때문입니다. 우리는 아담처럼 이것이냐 저것이냐를 결단할 수 있는 선택의 자유가 있습니다. 그러므로 세례 받기 이전과 이후는 전혀 다른 것입니다. 과거에는 죄의 지배 때문이라고 핑계를 댈 수 있습니다. 그러나 지금은 핑계 댈 수가 없습니다. 주님이 말씀하신 대로 '마음에는 원이로되, 육신이 약하도다'라고밖에는.

여기서 주목할 것은 세례는 예수님과 십자가에서 죽는 장례식만 거행하는 것이 아닙니다. 예수님과 함께 부활하여 새 생명의 시작도 의미하는 것입니다. 할렐루야. 4절을 함께 읽겠습니다. 믿습니까? 이제 중요한 것은 5절의 말씀입니다. 다 같이 한 음성으로 읽겠습니다. 다시 말하면 이제 우리는 옛사람은 죽고 지금 사는 것은 주님과 함께 부활한 새 사람입니다. 그러므로 옛 사람의 생활을 청산해야 합니다. 옛 사람의 습관도 청산해야 합니다.

6절을 보시기 바랍니다. '다시는 우리가 죄에게 종노릇하지 아니하려 함이니' 이것은 마치 임금을 받지 않고 옛날의 직장에 다시 가서 계속 일하는 것과 같습니다. 새 직장을 가지고 있다면 이제는 새 직장에서 충성해야 합니다. 그런데 문제는 우리는 아직도 옛날의 습관을 버리지 못하고 있습니다. 왜 그럴까요? 인정 때문입니다. 나쁜 습관에서 벗어나지 못해서입니다. 약하기 때문입니다.

7절은 지금의 우리의 신분을 말씀해줍니다. 크게 한 번 같이 읽겠습니다. '이는 죽은 자가 죄에서 벗어나 의롭다하심을 얻었음이니라' 믿습니까? 그러면 다 같이 고백하시기를 바랍니다. 지금의 우리들의 신분은 무엇입니까? 죄인입니까? 의인입니까? 의인이라고 했습니다. 믿으시면 아멘 하시기 바랍니다.

8절과 9절은 십자가와 부활의 관계를 말씀해주고 있습니다. 십자가에서 주님과 함께 죽은 자는 주님의 부활에 함께 참여한다는 것입니다. 그러나 주님과 함께 부활하지 못하고 있다면 그것은 주님과 함께 죽지 않았기 때문입니다. 그러므로 우리가 세례를 받을 때 나의 죄 됨을 고백하고 주님의 십자가로 말미암아 구원받은 것을 고백하였다면 우리는 지금 다 주님의 부활에 동참한 자입니다. 다 의인입니다. 왜냐하면 죄에 대하여 이미 죽은 자이기 때문입니다.

그러면 우리는 이제 어떻게 살아야 합니까?

(1) 첫째로 사망이 주관하지 못합니다. 9절에 그 말씀이 나옵니다.

(2) 하나님을 위하여 살아야 합니다

둘째로 10-11절의 말씀대로 하나님에 대하여 살아야 합니다. 하나님의 영광을 위해서 살아야 하고, 하나님의 일을 해야 하고, 하나님과 함께 동행하여야 합니다. 오늘 전도폭발 훈련을 받은 분들이나 이미 받은 분들은 이제는 주님의 일, 즉 전도하는 일에 앞장서기를 축원합니다. 이것이 세례 받은 자의 삶의 자세입니다.

사랑을 확증해주신 하나님

(롬5:6-11절)

　세상에서 가장 큰 힘은 사랑에서 나옵니다. 여자는 약하지만 어머니는 강합니다. 여자는 처녀 때에는 조금만 무거운 것이 있어도 들지를 못하고, 난 못 들어 하고 포기하는데 결혼한 후에는 장독같이 무거운 아이를 하루 종일 업고 다녀도 무겁다고 말하지 않습니다. 여자는 약하나 어머니는 강합니다. 왜냐하면 그 안에 큰사랑이 있기 때문입니다.

　밤에 그렇게 잠이 많던 여자도 자녀가 병이 들어 괴로워하면 밤새 머리맡에 앉아 있어도 피곤을 모릅니다. 이런 힘이 어디서 나올까요? 바로 자녀에 대한 사랑의 힘입니다. 이처럼 사랑의 힘은 우리를 지탱해주는 힘이 되고, 세상을 헤쳐 나가는 힘이 됩니다.

　저는 한 어머니가 어린 자녀와 함께 기차에 치여 죽게 되었을 때에 자기의 몸을 날려 자식은 구하고 자신은 기차에 치어 죽은 사건을 신문에서 읽으면서 큰 충격을 받은 적이 있습니다. 이런 힘은 사랑의 힘이 아니고는 생겨날 수가 없습니다. 그래서 이 시간에는 하나님의 사랑에 대해서 함께 살펴보려고 합니다.

1. 하나님의 사랑의 증거

　하나님이 우리를 사랑하신다고 하는데 무엇을 보고 알 수 있습니까? 그처럼 미워하시는 우리의 죄를 미워하지 않고 오히려 자신의 독자인 예수 그리스도를 이 땅에 보내시기까지 하신 것을 보고 알 수 있습니다.

하나님은 죄악을 가장 미워하시는 분이십니다. 그 중에서도 우상숭배를 가장 미워하십니다. 왜냐하면 죄는 하나님과 우리 사이를 갈라놓고, 담을 쌓게 하고, 하나님의 원수가 되게 하기 때문에 하나님은 죄를 미워하십니다. 특별히 우상숭배를 미워하시는 것은 우상숭배가 바로 하나님을 버리는 것이고, 욕되게 하는 것이기 때문입니다. 그런데도 하나님은 우리에 대한 사랑이 너무도 크기 때문에 우리가 회개하기도 전에, 우리가 심지어 태어나기도 전에 예수님을 이 땅에 보내주셔서 그의 사랑을 확증하여 주신 것입니다. '사랑은 죽음보다 강하다'는 말은 바로 이것을 두고 하는 말입니다(8절).

(예화) 얼굴에 화상을 입은 엄마를 창피하게 여기고 심지어 미워하는 딸이 있었습니다. 학교에서 부모를 불러도 엄마가 찾아와도 거절하였습니다. 친구들에게는 식모라고만 했습니다. 그러던 어느 날 어머니가 화상을 입게 된 것이 딸이 성냥으로 장난을 하다가 불이 났을 때에 어머니가 딸을 구하려다가 화상을 입었다는 사실을 이웃 아줌마를 통해서 알고 충격을 받았습니다. 엄마의 사랑에 눈물을 흘리지 않을 수가 없었습니다. 이것이 엄마의 사랑이요 주님의 사랑입니다.

2. 그러면 이 사랑의 결과로 우리에게 주신 축복은 무엇입니까?

(1) 하나님과의 화목이요 이웃과의 화목입니다

첫째로 하나님과의 화목이요 이웃과의 화목입니다. 화목은 그냥 이루어지지 않습니다. 원수 된 관계를 풀어주어야 합니다. 그래서 세상에서는 푸닥거리를 합니다. 심리적으로는 유익할지도 모릅니다. 그러나 하나님과의 원수 된 것은 심리적인 것이 아닙니다. 죄 때문입니다. 죄의 값은 사망이기 때문에 죽어야 해결이 됩니다. 그런데 주님이 대신 십자

가 위에서 죽으심으로 이제 믿기만 하면 아무 공로 없이도, 하나님과
화목이 이루어지게 되었습니다. 할렐루야.

(2) 하나님 안에서 항상 기뻐하는 기쁨이 참 기쁨입니다

화목의 결과로 "하나님 안에서 또한 즐거워하느니라"는 말씀대로 우
리는 참 즐거움을 누리게 된 것입니다. 항상 기뻐하라는 말씀의 근거는
바로 이 하나님과의 화목에서 비롯되는 것입니다. 이 근본적인 관계가
해결되지 않고는 세상에서 아무리 기쁨을 누려도 참 기쁨이 되지 않습
니다. 하나님 안에서 누리는 기쁨이 참 기쁨입니다.

빌립보서에 보면 기뻐하라 내가 말하노니 기뻐하라. 주안에서 기뻐하
라고 했습니다. 그렇습니다. 참 기쁨은 주안에서만 있습니다. 그런데 많
은 사람들은 주님 밖에서 찾습니다. 그러나 참 기쁨은 오직 주안에만
있습니다. 주안에서 발견한 이 영원한 기쁨을 상실하지 않기를 바랍니
다.

두 자아의 갈등

(롬7:14-15)

오늘 세상을 살아가는 우리들은 다 갈등 속에서 살아갑니다. 바로 살려고 몸부림치면 칠수록 그 갈등의 폭은 더욱 넓어집니다. 갈등 속에서 승리하는 비결은 무엇일까요?

1. 옛 사람을 버리고 새 사람이 되어야 승리

무엇보다도 중요한 것은 우리 안에는 두 개의 자아가 있다는 점입니다. 하나는 옛 사람이고 하나는 새 사람입니다. 옛 사람은 죄악에 팔린 육신이고, 새 사람은 악을 미워하는 거듭난 사람입니다.

재미있는 사실은 예수 믿기 전에는 항상 옛 사람이 이겼습니다. 그러나 예수 믿은 후에는 두 자아 사이에 갈등이 생깁니다. 문제는 우리가 어떻게 하느냐에 따라 옛 사람이 이기기도 하고, 새 사람이 이길 수도 있습니다.

(1) 옛 사람이 이기는 이유

먼저 예수를 전혀 안 믿거나 믿은 후에도 옛 사람이 이기는 이유가 있습니다.

첫째로 율법대로 살면 옛 사람이 이깁니다. 바울이 "오호라 나는 곤고한 사람이로다. 누가 나를 이 사망의 몸에서 건져내랴"고 고백한 것은 바로 율법대로 살았던 때의 고백입니다.

둘째로 육신대로 살면 옛 사람이 이깁니다. 육신은 항상 본능을 중심
으로 삽니다. 본능은 몸에 해로운 것만 먹기를 원합니다. 또
많은 이성과 육적 관계를 가지고 싶어 합니다. 한 걸음 더 나
아가 세상의 명예를 추구합니다. 이때 옛 사람이 이기게 되는
것입니다.

셋째로 자기의 생각대로 살면 옛 사람이 이깁니다. 더 중요한 것은
자기의 느낌대로 살면 그것은 옛 사람이 이기는 최고의 비결입
니다. 느낌은 쾌락만을 추구하기 때문입니다.

넷째로 성령의 역사가 일어나지 않도록 성령을 소멸하면 옛 사람이
이기게 됩니다. 성경은 교회에 가서만 보고 집에서나 서재에서
보지 않으면 옛 사람이 이깁니다. 기도도 형식적으로 해야 하
고, 새벽기도나 금요집회에 참석하지 말아야 옛 사람이 이깁니
다. 끝으로 교회에 등록은 하되 교회 일에 깊이 개입하지 않
고, 가끔 교회에 나오면 틀림없이 옛 사람이 이깁니다. 한 쪽
발만 교회에 있어야지 그렇지 않으면 옛 사람이 질 수가 있기
에 새벽기도회나 금요집회에 참석하지 않으면 옛 사람이 아주
좋아합니다.

(2) 다음은 새 사람이 이기는 비결을 말씀드리겠습니다.

첫째로 말씀의 양식을 먹으면 새 사람이 힘을 얻게 됩니다. 사람은
잘 먹어야 힘이 강해집니다. 그렇지 않으면 약하고 병들어 쓰
러지는 수밖에 없습니다. 그와 같이 말씀의 양식을 가득 채울
때 새 사람이 강해집니다.

둘째로 기도하여 능력 받으면 새 사람이 담대히 이기게 됩니다. 왜냐
하면 옛 사람은 기도할 때 힘을 쓰지 못하고 성령을 받기 때문
입니다. 그러므로 오늘 저녁에 기도하여 능력 받으시기를 축원

　　합니다.

셋째로 주님과 함께 고통을 달게 받으면 언제나 주님이 동행하시고,
　　주님이 동행하시는 한 새 사람이 언제나 이깁니다.

넷째로 성령의 충만을 받으면 틀림없이 새 사람이 이깁니다. "오직
　　성령이 너희에게 임하시면 너희가 권능을 받고……."라고 하셨
　　습니다.

성령이 거하시면

(롬8:9-11)

가장 성공적인 사람은 성령이 거하시는 삶을 사는 사람입니다. 그러므로 여러분들에게 성령이 거하시는 축복이 함께 하시기를 축원합니다.

1. 그리스도 안에 있는 자들의 확신

(1) 구원의 확신을 가지시기 바랍니다

결코 정죄함이 없다고 했습니다. 그러므로 우리는 죄책감을 느낄 필요가 없습니다. 다만 구원의 확신을 가지시기 바랍니다. 천국백성인 것을 믿으시기 바랍니다.

(2) 의로움이 이루어진다는 확신을 가지시기 바랍니다

율법의 요구, 즉 거룩함과 의로움이 이루어진 것을 믿으시기 바랍니다. 사람들은 선행이나 사회적 활동을 통해서 거룩하게 되고 의롭게 되는 줄로 착각하지만 오직 예수님을 믿음으로써만 이루어집니다.

2. 육신을 좇는 자와 성령을 좇는 자

교회 안에는 육신을 좇는 자와 성령을 좇는 자 등 두 가지 종류의 사람들이 있습니다.

세상에는 누구나 그 무엇인가를 좇으면 살고 있습니다. 하나는 육신을 좇아서 본능적인 삶을 살면서 교양의 장식으로 사는 사람들이 있습니다. 그러나 그 결과는 하나님과의 단절이요 죽음입니다. 하나님의 심판대 앞에 서게 됩니다.

그러나 참된 삶이 있습니다. 그것은 바로 성령을 좇아 사는 삶입니다. 성령을 좇아 살면 자신을 이깁니다. 세상을 이깁니다. 사탄마귀와 싸워서 이깁니다. 그 결과는 생명과 평안이라고 했습니다. 참으로 영생을 원하십니까? 참으로 마음의 편안을 원하십니까? 성령을 좇아 살기를 바랍니다.

3. 성령이 거하시면

(1) 성령이 거한다는 말

성령이 거한다는 말은 우리 안에 성령님이 내주한다는 뜻입니다. 이 때에 우리는 또한 성령 안에 거하게 됩니다. 또 성령이 거한다는 말은 그리스도의 영을 가지고 있다는 뜻이요(9절) 그리스도께서 내주한다는 뜻이기도 합니다.

(2) 성령이 우리 안에 내주하시면 권능이 나타납니다.

첫째로 신자들을 육신 가운데 거하지 않도록 해줍니다. 육신의 인도를 받지 않습니다.

둘째로 신자들을 그리스도 안에 거하게 만들어줍니다. 영적 주소가 그리스도 안입니다. 과거에는 영적 주소가 육신 안에 있었는데 이제는 변한 것입니다.

셋째로 이제는 신자들로 하여금 성령의 인도하심을 받습니다.

넷째로 성령은 신자들의 영혼에 입김을 불어넣음으로써 새로운 생명을 넣어줍니다. 이것은 주님을 영접하는 순간에 이루어줍니다.

(3) 성령의 인도하심을 받는 사람

성령의 인도하심을 받는 사람에게는 이 땅에서 세 가지의 결과가 나타납니다.

첫째로 몸은 죄 때문에 불신자와 같이 죽습니다.

둘째로 그러나 영혼은 그리스도의 의와 죽으심이 전달되어 살게 됩니다. 절대로 영혼은 죽지 않습니다.

셋째로 이 땅에 사는 동안 의롭게 살게 해주고, 경건히 살게 만들어 줍니다.

(4) 주님의 재림과 함께 부활

미래에 신자들은 주님의 재림과 함께 부활하게 됩니다. 부활은 우리에게 다음과 같은 확신을 줍니다.

첫째로 하나님은 살아 계시다.

둘째로 예수님은 하나님의 아들이시다.

셋째로 예수님은 구주이시다.

넷째로 예수님은 부활이요 생명이시다.

맺는 말

우리는 성령이 내주하는 삶을 살아야 합니다.

성령이 내주하면 그리스도와 함께 인생을 살아가며 그의 인도하심을 받으면 그의 도우심을 받습니다. 우리가 지금도 실패하고, 성령을 좇지 않고 육신을 좇는 것은 아직도 성령의 세계, 성령의 은사, 성령의 충만, 성령의 열매가 없기 때문입니다. 그러므로 성령을 간구합시다.

"너희가 악할지라도 자식에게 좋은 것을 줄줄 알거든 하물며 구하는 자에게 성령을 주시지 않겠느냐……."

깨닫지 못할 때에는

(롬7:7-13)

미국의 이민생활을 하는 많은 분들은 율법에 대해서 별로 관심이 없습니다. 아니 지금이 어느 때인데 구약시대의 율법을 가지고 논하느냐 하면서……. 그러나 한국에 사는 교인들 중에는 율법에 얽매여 사는 사람들도 적지 않게 있습니다.

둘 다 잘못된 것입니다. 만약 율법이 우리들과 관계가 없다면 우리는 구약성경을 버려야 할 것입니다. 그렇다고 우리가 율법에 얽매여 산다면 우리는 신약성경을 버려야 할 것입니다.

그렇다면 우리는 어떻게 해야 합니까? 율법에 관한 성경의 가르침을 살펴보도록 하겠습니다.

1. 왜 하나님은 율법을 주셨는가?

크게 세 가지의 이유로 주셨습니다.

(1) 우리를 그리스도에게 인도하기 위해서

갈 3:24. "이같이 율법이 우리를 그리스도에게로 인도하는 몽학선생이 되어". 즉 율법은 우리들을 그리스도에게로 인도하기 위해서 주셨다는 것입니다. 아닌 게 아니라 율법을 보면 나는 하나님 앞에 나갈 자격도 없고, 천국에 갈 만큼 의롭지 못하다는 것을 깨닫게 됩니다. 그래서 우리는 주님을 찾지 않을 수 없게 됩니다. 이것이 율법을 주신 첫 번째 목적입니다.

(2) 지은 죄를 구체적으로 깨닫게 하려고

둘째의 목적은 내가 지은 죄를 구체적으로 깨닫게 하려고 주신 것입니다. 롬 7:7절, "율법으로 말미암지 않고는 내가 죄를 알지 못하였으니" 율법으로 우리는 나의 죄가 무엇인지를 알게 되었다는 것입니다.

(3) 하나님의 뜻을 깨닫게 하려고

세 번째 목적은 하나님의 뜻을 깨닫게 하려고 주신 것입니다. 율법은 '하라, 하지 마라'의 두 가지의 형태로 주셨는데 그것이 바로 하나님의 뜻이 무엇인가를 가르쳐줍니다. 시 119:15절, "주의 말씀은 내 발에 등이요 내 길에 빛이니이다."라고 했습니다.

2. 율법의 본질은 무엇인가?

롬 7:12절, "이로 보건데 율법도 거룩하며 계명도 거룩하며 의로우며 선하도다."

율법은 우리들을 정죄하고, 우리들을 괴롭히는 것이 사실이지만 그러나 그것은 다 우리들을 위한 것입니다. 율법이 없다면 우리는 스스로 의롭다고 생각하여 주님을 찾지 않을 것입니다. 기도할 때 회개를 깊게 하지 못할 것입니다. 하나님의 뜻을 분명히 깨닫지 못할 것입니다. 그러므로 율법은 거룩한 것이며 의로운 것입니다. 그러므로 율법을 멀리하는 사람도 잘못이고 그렇다고 율법으로 주님을 대신하는 사람도 불쌍한 사람입니다.

3. 옛 사람이 죽을 때 모든 문제 해결

결론적으로 우리가 가지고 있는 모든 문제는 다 나의 옛 사람에게서 비롯됩니다. 그러므로 나의 옛 사람이 죽을 때 나의 모든 문제는 해결됩니다.

(1) 그러려면 먼저 깨달음이 있어야 합니다.

이민 생활의 문제점은 바쁘다 보니 생각하는 것이 없이 그냥 습관적으로 매일을 살아갑니다. 그렇지 않아도 바쁜데 생각까지 한다는 것은 골치 아픈 일입니다. 생각한다고 무슨 뚜렷한 변화가 일어나는 것도 아닙니다. 그래서 책을 보는 사람들이 드뭅니다. 성경도 깊이 연구하지 않으려고 합니다. 그러나 깨달음을 위해서는 아무리 바빠도 독서도 하고, 성경도 연구하여 깨달음을 가져야 합니다. 깨달음이 없다면 동물처럼 느낌에 의지하여 살기 때문입니다.

(2) 십자가의 사건이 바로 나를 위한 것임을 믿어야 합니다.

인간의 근본적 변화는 주님과 나와의 관계를 깨달을 때 옵니다. 왜 예수님이 십자가에서 죽으셨습니까? 바로 나 같은 죄인을 구원하시기 위해서였습니다. 아무것도 아닌 나를 위해서 하나님이 예수님을 보내셔서 십자가에서 죽게 하심으로 나의 죄를 대신하신 것입니다.

(3) 나는 죽고 주님이 살 때 모든 것이 해결됩니다.

우리의 문제는 욕심에서 비롯됩니다. "욕심이 잉태한즉 죄를 낳고 죄가 장성한즉 죽음을 낳느니라." 우리의 문제는 자기의 주장에서 비롯됩니다. 이기주의에서 비롯됩니다. 그러므로 옛 사람이 죽어야 모든 문제가 해결됩니다. 십자가에서 주님과 함께 못 박혀 죽어야 해결됩니다. 그러므로 십자가의 사건이 지금 여기서 일어나야 합니다. 그것은 우리가 믿는 순간에 일어납니다. 믿음은 시간의 간격을 좁혀주고 과거를 현재로 만들어줍니다.

하나님의 심오한 경륜

(롬11:25-29)

1. 꼭 알아야 할 하나님의 경륜

세상에는 우리들이 알아도 그만, 몰라도 그만인 것이 있는가 하면 꼭 알아야 할 것이 있습니다. 그것이 바로 하나님의 경륜입니다. 하나님은 우리들이 하나님의 심오한 경륜을 깨닫기를 원하십니다.

"형제들아 너희가 스스로 지혜 있다 함을 면키 위하여 이 비밀을 너희가 모르기를 원치 아니하노니."

모르기를 원치 않는다는 말은 반드시 알아야 한다는 뜻입니다. 그것이 바로 하나님의 경륜입니다.

2. 하나님의 경륜은 무엇인가?

일반적으로 하나님의 경륜은 우리가 알 수 없습니다. 그것은 숨겨져 있는 것이기 때문입니다. 그러나 우리는 하나님의 경륜을 오늘의 본문 속에서 알 수 있습니다. 25-26절에 기록되어 있습니다.

"이 비밀은 이방인의 충만한 수가 들어오기까지 이스라엘의 더러는 완악하게 된 것이라. 그리하여 온 이스라엘이 구원을 얻으리라."

하나님께서 이스라엘을 택하여 선민으로 삼으시고, 그들을 통해서 영광 받기를 원했습니다. 그러나 이스라엘은 일방적으로 하나님과 맺은 언약을 어겼습니다. 그래서 그 자리에 이방인들을 들어오게 하셨습니다. 이제 남은 과정은 이방인의 충만한 수가 들어왔을 때에 유대인들을 다시 불러서 그의 뜻을 이루는 것입니다. 이것을 지금도 깨닫지 못하는 유대인들이 많이 있습니다. 그러나 이 심오한 하나님의 경륜은 반드시 이루어질 것입니다.

3. 하나님의 경륜을 어떻게 깨달을 수 있는가?

하나님의 경륜을 아는 길은 크게 세 가지 방법밖에는 없습니다.

첫째는 성경을 통해서 하나님의 섭리를 알 수 있습니다. 하나님은 언제나 그의 종들에게 말씀하신 후에 이루시기 때문입니다. 그것이 성경에 기록되어 있습니다.

둘째는 기도를 통해서 하나님의 음성을 들을 수 있습니다. 그러나 이 경우에는 자기의 생각을 하나님의 음성으로 착각할 수 있는 가능성이 언제든지 있습니다. 이것을 조심해야 합니다. 그러기 위해서는 하나님의 말씀의 거울 속에서 그 기도가 성경적인가 하고 살펴보아야 합니다.

셋째는 환경을 통해서 하나님의 뜻과 섭리를 알 수 있습니다. 그러나 환경은 사탄에 의해서도 영향을 받기 때문에 우리는 환경만으로는 하나님의 뜻을 분명하게 구별할 수는 없습니다. 그래서 우리는 하나님의 기록된 말씀을 통해서 그 환경이 하나님의 인도하심인가 아니면 사탄의 유혹인가를 분별해야 합니다. 결국 하나님의 뜻은 성경을 통해서만 분명하게 가려낼 수 있습니다.

4. 하나님의 경륜을 이루기 위해서 우리는 무엇을 해야 합니까?

(1) 기도를 쉬지 말아야 합니다.

하나님의 일은 무릎으로 합니다. 입으로 하는 것이 아니고, 머리로 하는 것도 아니고, 손으로 하는 것도 아닙니다. 그러므로 항상 낙타의 무릎처럼 쉬지 말고 기도 할 수 있기를 바랍니다.

(2) 주야로 말씀을 묵상해야 합니다.

"복 있는 사람은 악인의 꾀를 좇지 아니하며 죄인의 길에 서지 아니하면 오만한 자의 자리에 앉지 아니하고 오직 여호와의 율법을 즐거워하며 그 율법을 주야로 묵상하는 자로다." 하나님 사랑이란 다른 것이 아니라 그의 말씀을 사랑하고 지키는 것입니다. 그러므로 우리는 주야로 말씀을 묵상해야 합니다. 하나님의 말씀을 묵상하지 않으면 사탄의 소리를 듣게 됩니다. 하와가 사탄의 소리를 들은 것은 혼자 있을 때였습니다. 그러므로 우리는 혼자 있으면 안 됩니다.

(3) 인도하시는 하나님의 손길을 느껴야 합니다.

주님의 손길을 느끼지 않으면 일을 하다가 낙심하고, 연약하여집니다.

(4) 주님의 손이 되어 충성되게 봉사하여야 합니다.

우리는 주님의 지체입니다. 그러므로 주님의 손이 되어 섬겨야 합니다. 주님은 섬기기 위해서 왔는데 우리는 섬김을 받으려고만 합니다. 그러므로 종의 자세를 배워 감사함으로 섬기는 삶을 살 수 있기를 축원합니다.

놀라운 하나님의 은혜

(롬11:30-36)

1. 불순종이 바로 우리의 과거

하나님의 놀라운 은혜는 순종치 아니한 우리들에게 나타났다는 점에 있습니다. "너희가 전에 하나님께 순종치 아니하더니"(30상). 불순종이 바로 우리의 과거이고, 지금까지의 내력이었습니다. 그래서 우리가 얼마나 순종치 아니하였는가를 살펴볼 수 있기를 바랍니다.

(1) 하나님의 뜻, 하나님의 말씀보다는 나의 뜻을 앞세웠습니다.

(2) 하나님의 영광보다는 나의 영광을 앞세웠습니다.

(3) 하나님의 은혜를 망각했습니다.

2. 순종치 아니하는 가운데 가두어 두심

하나님의 두 번째 놀라운 은혜는 모든 사람을 순종치 아니하는 가운데 가두어 두심에 있습니다(32절). "하나님이 모든 순종치 아니하는 가운데 가두어 두심은"이라고 했습니다. 이 말씀은 좀 이상하지 않습니까? 참으로 이해가 가지 않는 구절입니다. 아니 왜 그냥 순종치 않는 가운데 가두어 두실까요? 빨리 끌어내시지 않고 왜 그냥 두실까요? 여기서 가두어두신다는 말은 어떤 장소에 가두어 둔다, 잠가둔다는 뜻인데 왜 가두어두셨을까요?

이것은 사람들이 죄의 길을 택하고, 방황하도록 그냥 두셔서 두 가지

를 깨닫게 하시려는 목적이 있습니다. 다시 말하면 깨달아 구원하시려
는데 목적이 있습니다. 첫째는 자신이 죄인이고, 죽을 수밖에 없는 죄
인이기 때문에 하나님이 절대적으로 필요하다는 것을 깨닫게 하고, 둘
째는 하나님은 살아 계시고, 그분을 찾는 자들에게 긍휼을 베풀어 주신
다는 것을 깨닫게 하시려는데 목적이 있습니다. 그래서 저들이 구원을
받도록 하려는 심오한 경륜이 있는 것입니다.

그러므로 하나님이 우리들을 죄와 불순종 가운데 가두어 두시는 것은
"모든 사람에게 긍휼을 베풀려 하심이로다"고 했습니다. 밥을 안 먹는
사람에게는 배가 고플 때까지 스스로 배고픔을 깨달을 때까지 가두어
두는 것입니다. 결국 배불리 먹이기 위해서입니다. 마찬가지로 죄와 불
순종 가운데 가두어 두시는 것을 깨닫게 한 뒤에 더 큰 은혜를 주시려
는데 목적이 있는 것입니다.

그래서 "하나님의 지혜와 지식의 부요함이여"라고 찬양하고 고백하는
것입니다. 정말 33절의 말씀처럼 "그의 판단은 측량하지 못할 것이며
그의 길은 찾지 못할 것이로다"라고 고백할 수밖에 없습니다. 하나님의
이런 오묘한 뜻을 누가 감히 알 수 있습니까?

3. 칼뱅주의의 원리

36절에 나옵니다. "이는 만물이 주에게서 나오고 주로 말미암고, 주
에게로 돌아감이라. 영광이 그에게 세세에 있으리로다."

이 말씀은 중요한 원리를 말씀하고 있습니다.

(1) 근원의 하나님

모든 것의 근원은 하나님이십니다("이는 만물이 주에게서 나오고").

(2) 진행자 하나님

모든 일을 진행하시는 진행자는 하나님이십니다("주로 말미암고").

(3) 심판자 하나님

모든 일의 심판자는 하나님이십니다("주에게로 돌아감이라").

그렇다면 우리는 어떻게 해야 하는가?

"영광이 그에게 세세에 있으리로다." 하나님 영광 제일주의가 바로 칼뱅주의입니다. 우리는 하나님께 영광을 돌리는 성도들이 되기를 축원합니다.

맥추의 초실절을 지키라

(출 34:21~24)

　오늘은 우리가 잘 아는 대로 맥추감사절입니다. 이 날을 칠칠절이라고도 부르는데 그것은 유월절이 지난 7주간 즉 7×7은 49일이 지난날이기 때문입니다. 이 날을 오순절이라고도 부르는데 그것은 유월절이 지난 50일째 되는 날이기 때문입니다. 쉽게 말씀드리면 이 날은 대맥과 소맥 즉 보리와 밀을 추수한 후에 하나님께 감사하는 날입니다. 출 23:1절에 보면 "맥추절을 지키라. 이는 네가 수고하여 밭에 뿌린 것의 첫 열매를 거둠이니라"고 명령했습니다.

1. 맥추절은 어떤 날인가?

　그러면 도대체 맥추절은 어떤 날이기에 우리가 감사해야 할까요?

　첫째는 보리와 밀을 추수한 날이기 때문입니다. 사람들은 내가 농사 지었으니 내가 수고했고, 따라서 이것은 당연히 나의 것이라고 생각합니다. 그러나 생명도 하나님이 주셨고, 건강도 하나님이 주셨고 땅도 하나님의 것이고 씨앗도 하나님이 주신 것이고 나는 조금 수고한 것에 불과합니다. 그러므로 우리는 당연히 하나님께 감사해야 합니다.

　둘째는 이스라엘 백성이 시내산에서 율법을 받은 날이 바로 이 맥추절입니다. 예루살렘 성전이 파괴된 후부터 율법이 강조되면서 이 날을 지키기 시작하였습니다. 첫 번 맥추절이 육신의 양식을 주신 날이라고 한다면 두 번째 맥추절은 영혼의 양식을 주신 날입니다. 이처럼 하나님은 두 가지를 다 주었습니다. 사람은 떡으로만 살지 못하고 하나님의 입으로 나오는 말씀이 있어야 합니다. 지금 세계적으로 볼 때에 영양실조로 죽는 사람이 한두 사람이 아닙니다. 세계인구의 사분의 일이 영양실조요. 제삼세계의 수많은 사람들이 죽고 있습니다. 그러나 더 무서운 것은 예수를 모르고 지옥으로 가는 사람이 40억이 넘는다는 점입니다.

셋째로 그러나 또 우리가 이 날에 감사하는 이유는 신약시대에 바로 이 날에 보혜사 성령이 임하셨기 때문입니다. 사도행전 2장을 보면 오순절날에 요엘의 예언이 성취되었습니다. 하늘로부터 급하고 강한 바람 같은 소리가 온 집안에 가득 찼습니다. 불의 혀같이 갈라지는 것이 저희에게 보였습니다. 마침내 저희가 다 성령의 충만함을 받게 되었습니다. 바로 이런 세 가지의 이유 때문에 우리는 오늘 하나님께 감사하고 감사해야 합니다.

2. 맥추절에 하나님께서 원하시는 것은?

첫째로 21절에 '쉴지니'라고 했습니다. 하나님은 우리가 때때로 쉬는 것을 원하십니다. 일만하는 것을 원치 않습니다.

둘째로 23절에 하나님 앞에 '보일지니'라고 했습니다. 우리 모두가 여호와께 보이라는 것입니다. 이것이 하나님이 가장 기뻐하는 것입니다. 이것은 맥추절의 절기에 꼭 출석하라는 뜻입니다. 여기서 보인다는 것은 맥추절에 꼭 참여한다는 뜻도 있지만 또 예물을 가지고 와서 바치라는 뜻도 있습니다. 뭔가 보여야지요. 그러나 가장 귀한 것은 바로 우리의 몸을 보이는 것입니다.

셋째로 출 34:26절에 보면 "너의 토지에서 처음 익은 열매의 첫 것을 가져다가 여호와의 전에 드릴지니라."고 했습니다. 왜 그렇습니까? 무릇 "초태생은 다 내 것이며"(출34:19)라고 했기 때문입니다. 물론 모든 것이 다 하나님의 것이지만 특별히 장자나 첫 새끼, 첫 열매는 하나님의 것이라고 했습니다. 하나님은 쓰고 남은 찌꺼기를 원치 않습니다. 언제나 첫 것을 원하십니다. 일주일 중에서 첫날인 주일을 바치기를 원하시고 하루도 첫 시간인 새벽을 바치시기를 원하고, 자식도 장남을 원하시고, 물질도 첫 열매를 원하십니다.

넷째로 이것 외에도 신명기 16:9-11절에 보면 다음 네 가지를 말씀하고 있습니다. 1절에 여호와께서 네게 복을 주신대로 예물을 드리라고 했고 힘껏 자원하여 예물을 드리라고 했습니다. 셋째는 11절에 함께 모여서 드리라고 했고, 다음은 여호와 앞에서 즐거워하라고 했습니다.

하나님께서 맥추절을 주신 것도 사실은 우리에게 감사하는 마음을 주셔서 우리를 행복하게 만들기 위해서입니다. 바울이 옥중에서 기록한 편지 가운데 빌립보서가 있습니다. 4장밖에 안 되는 작은 책입니다만 무려 18번이나 '기뻐하라'는 말씀이 나옵니다. 옥중에 갇혀 있는 바울이 기뻐하라고 한 것은 육적인 기쁨이 아닙니다. 정신적 기쁨도 아닙니다. 영적 기쁨을 가지라는 것입니다. 세상에서 영적 기쁨만 환경에 구애됨이 없이 언제나 가질 수 있습니다.

3. 맥추감사절을 지킬 때 하나님이 주시는 축복은 무엇입니까?

첫째로 쉬게 됩니다. 사람에게 중요한 것은 사람은 한 주일에 하루를 쉬도록 창조함을 받았습니다. 계속 일하면 스트레스가 쌓이고,

몸도 피곤하여 마침내는 병들게 됩니다. 사람은 쉴 줄 알아야 합니다. 지금 중년층에 일 중독증 환자가 참 많습니다. 이런 우리에게 하나님은 억지로 우리를 쉬라고 하십니다. 남보다 앞서려고 주일에 쉬지도 않고 밤에도 일만 하는 사람들이 많습니다. 성공할는지는 모르지만 병들고 맙니다. 참 행복을 누리지를 못합니다. 그래서 하나님은 너희는 쉬라고 명령하신 것입니다. 고로 쉰다는 것은 하나님의 명령임과 동시에 축복입니다.

둘째로 즐거움을 주십니다. 즐거움이란 쉴 때 생깁니다. 너무 일만 하다 보면 그만 하나님이 주신 즐거움을 잊고 맙니다. 가정에서의 잔잔한 즐거움을 놓치고 맙니다. 저는 아이들을 키우는 잔잔한 즐거움을 맛보지 못한 것을 아쉬워합니다. 이런 즐거움은 쉴 때 옵니다. 그래서 이 쉬는 것과 즐거움은 항상 함께 연결됩니다. 성령의 열매 중에 두 번째가 희락 즉 즐거움입니다. 여러분, 희락의 열매를 원하십니까? 맥추감사절을 지키시기 바랍니다. 그러나 감사하지 않으면 광야의 이스라엘처럼 불평과 원망이 생깁니다.

이스라엘 백성들은 물이 없다고 불평, 만나만 준다고 불평, 길이 나쁘다고 불평, 모세만 권위가 있느냐고 불평, 광야생활은 처음부터 끝까지 불평의 연속이었습니다. 또, 감사가 없으면 자족하는 생활을 못합니다. 그러나 인생의 욕심은 태평양 바다보다 넓고 깊습니다. 절제를 할 줄 알아야 하는데 그렇지를 못합니다. 그러나 감사를 하면 할수록 점점 더 자족하게 됩니다. 바로 이때에 우리는 행복하게 됩니다.

셋째로 24절에 네 지경을 넓히리니 라고 했습니다. 우리는 안식의 지경도 넓혀야 하고, 활동의 지경도 넓혀야 하고, 봉사의 지경도 넓혀야 합니다. 이것이 바로 세상에서 말하는 성공입니다. 이런 성공의 복이 여러분 모두에게 넘치기를 축원합니다.

넷째로 24절 하반절에 어떤 사람도 네 땅을 엿보지 못하리라고 했습니다. 요즈음에는 도적들 때문에 불안합니다. 인신 매매단 때문에 불안합니다. 그러나 본문에 보니 아무도 엿보지 못하게 한다고 했습니다. 나라를 지켜주신다는 약속입니다. 원수의 나라들이 쳐들어오지 못하게 지켜주신다는 것입니다.

다섯째로 고전 15:20절을 보면 그리스도께서 죽은 자 가운데서 다시 살아 잠자는 자들의 첫 열매가 되셨다고 했습니다. 그러므로 초실절에 첫 열매를 하나님께 바치면서 감사하면 죽은 자 가운데서 첫 열매가 되신 예수님을 우리들에게 선물로 주신다는 것입니다. 그러므로 우리는 맥추절을 지켜야 하겠습니다.

이제 저와 여러분 모두가 이 날을 하나님의 말씀대로 지켜서 귀한 축복을 받으시기를 주님의 이름으로 축원합니다.

값진 진주를 얻으려면

(마 13:45~46)

조금 전에 봉독한 말씀은 천국은 마치 값진 진주를 찾아서 그것을 사려는 장사꾼에 비유할 수 있다는 아주 짤막한 말씀입니다. 요즈음 휴가철이 되어서 가족들이 바닷가에 가는 경우가 있을 것입니다. 아이들을 보면 하루 종일 바닷가에서 조개나 조약돌을 줍고 버리면서 재미있게 노는 것을 볼 수 있습니다. 이것이 바로 인생의 축소판입니다. 사실 인간은 누구나 자기 나름대로 귀하다고 생각하는 것, 가치가 있다는 것을 찾고 구하면서 일생을 보냅니다. 주웠다 버리고 주웠다 버리고 그러다가 마지막에는 손을 털고 빈손으로 집으로 가는 것입니다.

다만 사람과 사람 사이의 차이점이 있다면 각자 구하고 있는 진주의 종류가 다르다는 점입니다. 어떤 이는 돈이란 진주를 찾아서 일생을 보내고 또 어떤 이는 권력이란 진주를 찾아서 일생을 보내고, 또 어떤 이는 지식이란 진주를 찾아서 일생을 보냅니다. 또 어떤 이는 인기란 진주를 찾아서 일생을 보내고, 또 어떤 이는 쾌락을 찾아서 일생을 보냅니다. 또 신자들은 천국을 찾아서, 구원이란 진주를 찾기 위해서 일생을 투자합니다.

그런데 중요한 것은 사람마다 찾는 진주의 내용은 각기 다르지만 그러나 방법은 같다는 점입니다. 우리는 이 세상 물질세계의 원리가 종종 성경에서 말하는 영적 세계의 원리와 같다는 점을 발견합니다. 오늘 말씀드리려고 하는 진주의 비유만 해도 그렇습니다. 그러면 이제 우리가 값진 진주를 얻으려면 어떻게 해야 합니까? 크게 세 가지의 방법이 있습니다.

1. 풍부한 지식과 능동적이고 창조적인 안목

급변하는 상황에 대처할 수 있는 풍부한 지식과 능동적이고 창조적인 안목, 그리고 구하고 찾고 문을 두드리는 적극적 태도를 가져야 합니다. 결국 인생에 있어서 중요한 것은 삶의 자세를 어떻게 가지느냐에 달려 있습니다. 행복이나 불행, 성공과 실패도 다 이 삶의 자세에 의해 좌우됩니다. 부정적이고 소극적인 사람은 그 어느 누구도 성공할 수 없고, 또 행복할 수도 없습니다. 이 세상은 적극적인 사람들에 의해 좌우됩니다.

Drucker는 현대를 '단절의 시대' 라고 정의를 내렸습니다. 어제의 기술이 오늘에 쓸모가 없고, 오늘의 지식이 내일에 쓸모가 없는 쓰레기가 되고 맙니다. 우리 한국만 해도 지난 2~30년 동안에 과거 2000년보다 더 큰 변화를 경험했습니다. 따라서 앞으로 90년대나 2000년대에는 더 큰 변화가 일어날 것입니다. 따라서 우리가 새 시대에 살아남기 위해서는 그리고 값진 진주를 얻으려면 먼저 자기가 하는 일에 대한 풍부한 지식의 소유자가 되어야 합니다. 과거에는 전문지식의 수명이 50년은 되었기 때문에 한번 배우면 일생 동안 그 지식을 써먹을 수 있었습니다. 그러나 지금은 그렇지 않습니다. 유네스코의 자료에 의하면 지식의 수명은 이제 3~5년이란 통계가 나와 있습니다. 지금은 급변하는 세계란 말입니다. 따라서 이 정보화시대에 우리가 성공하려면 자기 분야의 풍부한 전문지식을 계속해서 가져야 합니다.

그뿐 아니라 능동적 일꾼이 되어야 합니다. 그동안 많은 기업이 도산

했습니다. 작은 기업뿐 아니라 큰 기업도 많이 도산했습니다. 왜 그렇습니까? 새 정보에 눈이 어둡고, 게다가 수동적으로 대처하기 때문입니다. 지금까지 우리나라는 가부장적인 제도 속에서 살아왔기 때문에 교회도, 사회도 창조적이지 못하고 수동적이기 때문에 새 시대에 적응할 수가 없습니다. 그래서 기업은 도산하고, 교회도 성장하지 못한 채 점점 젊은이들이 떠나고 있습니다.

기독교 100주년 기념회 때 일이었습니다. 저는 평신도 분야의 책임을 맡아서 강의를 했습니다. 바로 한국 교회의 상징인 정동감리교회에 서였습니다. 그때 저는 평신도의 역할을 말씀하는 가운데 여러분들은 교회의 말썽꾸러기가 되라는 강의를 했습니다. 놀랄 얘기지요. 왜냐하면 교회는 전통적으로 순종을 미덕으로 삼았기 때문입니다. 물론 순종은 성경적으로 옳습니다. 그러나 우리 사회가 요구하는 순종이란 무조건적 복종입니다. 그러나 성경이 말하는 순종이란 무조건 로봇이 되라는 것은 아닙니다. 지금까지 우리 국민은 보지 않고, 생각하지 않고, 말하지 않는, 순종 아닌 노예처럼 살아왔습니다. 그 결과 민주주의를 이루려야 이룰 수가 없었고 또 지도자들이 독재하는 것을 용납해온 것이 사실입니다. 교회도 교인 전체의 의견은 전혀 무시되어 왔습니다. 따라서 이제는 평신도들이 깨어야 합니다.

다음은 창조적으로 임해야 합니다. 심리학자인 마슬로우는 자기실현의 욕구는 인간의 가장 차원 높은 기본 욕구요 개인의 이상이라고 했습니다. 현대의 문제점은 지나친 전문화로 인해서 활동이 단조롭고 점점 무의미해져 가고 있다는 점입니다. 그 결과 인간은 권태와 무기력에 빠지고 있습니다. 왜 그렇습니까? 창조적인 자기실현을 할 수 없기 때문입니다. 인간은 하나님의 형상대로 지음을 받았기 때문에 무언가 창조하여 자기를 실현할 때 그 의미를 느낄 수 있습니다. 그러므로 우리 성도들은 교회봉사를 통해서 자아를 실현해야 합니다. 사람은 가만히만 있어서는 절대로 행복할 수도 없고 의미를 느낄 수도 없습니다.

2. 바른 분별력을 가지고 찾고 구하고, 문을 두드려야

두 번째 중요한 것은 값진 진주를 얻으려면 바른 분별력을 가지고 찾고 구하고, 문을 두드려야 한다는 것입니다. Kist의 부원장인 이병호 박사는 21세기를 바라볼 때 지금 인류는 파멸의 시점에 서 있다고 지적한 적이 있습니다. 성경은 이것을 예수님의 재림의 때가 가까웠다고 표현하고 있습니다. 다 같은 뜻입니다. 지금 인류가 당면한 보다 구체적인 문제점을 말씀 드리겠습니다.

먼저 세계의 100여 명의 석학으로 이루어진 로마클럽의 발표에 의하면 지금 세계는 성장의 한계에 이르렀다고 발표했습니다. 50년 후에는 지구에 자원이 고갈된다는 데 문제가 있습니다. 아니, 하나님께서 인류를 창조하셨을 때 먹을 것, 입을 것 다 준비하지 않았겠느냐고 말할지 모르겠습니다. 물론 하나님은 모든 것을 다 준비하셨습니다. 그러나 타락한 인생들이 무책임하게 함부로 사용하였기 때문에 지금 지구는 파산 직전에 놓여 있습니다.

다음은 폭발적인 인구의 증가입니다. 낳아만 놓고 교육은 시키지 못하고 있기 때문에 사회범죄가 늘어가고 있습니다. 게다가 식량은 점점 부족하여 세계적으로 볼 때에 굶는 사람이 너무 많습니다. 저는 오는 8월 태국에서 열리는 선교대회에 강사로 잠깐 가는 틈을 타서 그 옆에 있는 방글라데시를 방문하여 선교현황을 살펴보려고 합니다. 지금은 세계에서 계일 가난한 나라의 하나입니다만 30년 전만 해도 양곡을 수출한 부한 나라였습니다. 우리나라도 옛날에는 쌀을 수출한 나라이지만 지금은 미국에서 쌀을 많이 수입해야 하는 형편입니다.

또 다른 문제는 환경의 오염입니다. 200여 년 전 산업혁명 때만 해도 오염은 전혀 문제가 되지 않았습니다. 한국도 60년대에만 해도 동경의 공해를 부러워한 적이 있었습니다. 우리도 언제 저렇게 공업이 발달해서 저런 고급병에 걸리나 하고.

그러나 지금 우리나라는 공해로 인해서 생리적, 심리적 상해를 대단히 많이 입고 있습니다. 정신질환자가 점점 늘어가는 것도 바로 이 공해의 피해 때문입니다.

더욱이 주목할 것은 점점 고급 실업자들이 늘어간다는 점입니다. 새로운 기술을 습득하지 못함으로 인해서 직장을 갖지 못하고 있습니다. 그리고 사용자 측에서는 사람보다는 로봇을 쓰려고 합니다. 임금 때문에 데모도 않고 노동시간 배분에 노조를 만들지도 않습니다. 하루 24시간을 가동해도 불평이 없습니다. 그래서 자연히 모든 것은 점점 자동화되어 가고 있어 단순노동을 제외한 고급인력이 남아돌아가는 현상이 심해지고 있습니다. 게다가 더 큰 문제는 향락산업이 점점 심해져서 서울이 소돔과 고모라로 화하고 있다는 점입니다.

그러므로 이제 하나님의 말씀을 통해서 바른 분별력을 가지고 값진 진주를 찾고 구해야 합니다. 사람의 어리석은 지혜로 그 무엇을 구하려고 해서는 안 됩니다. 지금 우리 사회의 문제점은 방향감각을 상실했을 뿐 아니라 표준이 없다는 점입니다. 따라서 성경을 통해서 우리는 바른 분별력, 바른 가치관을 정립해야 합니다.

3. 때가 왔을 때 결단을 해야

끝으로 값진 진주를 얻으려면 때가 왔을 때 결단을 해야 한다는 점입니다. 아무리 값진 진주를 발견했다 해도 그것을 사지 않으면 그림의 떡입니다. 내 것이 될 수가 없습니다. 더구나 자기의 소유를 다 받아야 하기 때문에 여기에는 결단이 필요합니다. 진주는 아주 작습니다. 그러나 고대 사회에서는 왕들이나 이 진주를 소유할 수 있을 만큼 귀한 것이었습니다. 이제 상인에게 이 작은 진주를 얻기 위해서 자기의 가진 모든 소유를 다 팔아야 한다면 이것은 결코 쉬운 일이 아닙니다. 이것은 하나의 모험입니다.

그런데 신앙생활도 이 상인처럼 모험을 하지 않으면 안 된다는 것입니다. 진주와 같은 천국을 소유하려면 때가 왔을 때 결단을 해야 합니다. 그러나 사탄은 연기 작전을 폅니다. 오늘 결단을 못하도록 합니다. 내일 하라고 말합니다.

사실 살아오면서 우리가 발견하는 것은 우리에게는 성공할 수 있는 기회가 적어도 한두 번은 반드시 오지만 그것을 이용하지 못하고 있다는 점입니다. 그래서 성공을 못하고 맙니다.

그러므로 오늘 우리는 물질이냐, 하나님이냐? 사탄이냐, 성령이냐? 지옥이냐, 천국이냐? 허무냐, 소망이냐? 거짓이냐, 진리냐? 미움이냐, 사랑이냐를 선택해야 합니다. 결단해야 합니다. 그러나 많은 사람들은 내일 돈벌어놓고 믿겠다고 말하고 봉사 좀 하라고 하면 나중에 하겠다고 미룹니다. 바로 여기에 문제가 있습니다. 한번은 하루살이들이 모여서 놀다가 헤어지면서 서로 인사를 했습니다. 내일 만나자하고.

그러나 하루살이에게는 내일이 없습니다. 오늘이 있을 뿐입니다. 이것은 인간도 마찬가지입니다. 그래서 성경은 말합니다. 보라 지금은 은혜 받을만한 때요, 보라 지금은 구원의 날이로다.

왕상 18:21절에 보면 갈멜산 위에서 엘리야가 주저하는 이스라엘백성들에게 말했습니다. "너희가 어느 때까지 둘 사이에서 머뭇머뭇 하려느냐", 그러므로 이 시간 우리는 결단합시다. 값진 진주를 얻기 위해서 가진 것을 아낌없이 파는 것과 같은 희생을 하고라도 진주를 삽시다.

많은 사람들이 교인은 되면서 주님의 제자가 되지 못하는 이유는 모든 것을 버려두고 주님을 좇지 못하기 때문입니다. 믿는다는 것은 어떤 면에서 도박과 같은 성격을 가지고 있습니다. 하나를 결단해야 합니다.

이제 설교를 마치려고 합니다. 우리 신자들은 다 진주를 구하는 상인과 같다고 했습니다. 그러면 이 값진 진주는 무엇입니까? 바로 천국을 말합니다. 그리고 이 천국을 축소해서 말하면 바로 그리스도 자신입니다. 그러므로 그리스도를 소유한 사람은 바로 천국의 소유자입니다.

하나님의 초청

(사1:18-20)

　성경에는 많은 하나님의 놀라운 초청이 있습니다. 사 55:1절에는 목마른 자는 다 와서 마시라는 유명한 초청이 있고, 마 11:28절에는 예수님의 수고하고 무거운 짐 진 자들아, 다 내게로 오라 내가 너희를 쉬게 하리라는 말씀도 나옵니다. 또 마 22장에는 천국 혼인잔치에 우리를 초청한 내용도 기록되어 있습니다. 계 22:17절에는 성령과 주님께서 말씀하시기를 듣는 자와 목마른 자와 원하는 자는 다 와서 생명수를 받으라고 했습니다.

　그런데 조금 전에 읽은 말씀에는 거룩하신 하나님께서 죄인인 우리들과 변론하자고 했습니다. 그것은 주홍 같고 진홍 같은 죄를 해결해 주시겠다는 것입니다. 요즈음 법원에 가면 내가 검사 누구와 친척이요 친구요 측근인데 무죄로 혹은 집행유예로 빼내주겠다고 유혹하면서 돈을 요구하는 블로커들을 많이 볼 수 있습니다.

　그러나 주님의 초청은 그런 초청이 아닙니다. 사랑의 초청이요 은혜의 놀라운 초청입니다. 저는 여러분 모두가 주님의 이 초청에 참여해서 하나님이 준비하신 귀한 축복을 다 받을 수 있기를 소원합니다.

1. 하나님의 초청의 성경

(1) "오라"하는 사랑의 초청

첫째로 하나님의 "오라"하는 초청은 사랑의 초청입니다. 여러분 하나님께서 우리에게 오라 하실 때에 어떤 음성으로 말씀하셨을까요? 하나님께서 오라 하실 때에 사랑과 간절한 음성으로 말씀하셨을 것입니다. 랄프 메리는 이것을 거절당한 연인의 간청이라고 표현했습니다. 아주 간절한 애원인 것입니다.

하나님께서 무엇이 모자라서 그런 것이 아닙니다. 우리가 멸망하는 것을 볼 수가 없어서, 구원하고 싶어서 오라는 것입니다.

(2) 긴급한 초청의 말씀

18절에 우리말에는 없지만 원문에 보면 "지금"이란 말이 오라는 말 앞에 기록되었는데 이것은 긴급한 초청임을 말씀한 것입니다. 내일이 아니고 지금 바로 오라는 것입니다. 마 13:4,9에 보면 예수님은 사탄이 마음 밭에 뿌려진 복음의 씨앗을 훔치려고 한다는 것을 경고하고 있습니다. 사탄의 유혹은 여러 가지의 방법으로 나타납니다.

첫째는 말씀을 못 듣게 합니다.

둘째는 들어도 의심하게 만듭니다.

셋째로는 뒤로 미루게 만듭니다. 이 연기 작전 앞에 많은 사람들이
        녹아납니다.

그래서 하나님은 지금 오라는 것입니다. 왜냐하면 보라 지금은 은혜 받을 만한 때요 보라 지금은 구원의 날이로다 했기 때문입니다.

우리 사람들에게 있어서 지금이란 시간은 대단히 소중합니다. 왜냐하면 과거와 미래는 하나님의 시간이고 지금만이 나의 시간이기 때문입니다. 여기서 우리는 성령의 역사와 사탄의 역사의 차이점을 발견하게 됩니다. 성령은 바로 지금 말씀하시고 사탄은 내일로 미루려고 합니다. 그러므로 우리는 사탄의 유혹에 넘어가지 마시기를 바랍니다.

(3) 은혜로운 초청

하나님의 초청은 은혜로운 초청입니다. 사실 죄인이 거룩하신 하나님과 만나는 것은 있을 수 없는 일입니다. 불가능한 일입니다. 그러나 요일 4:10에 보면 하나님께서 죄인인 우리들을 사랑하셨다고 했습니다. 그래서 예수님을 화목제물로 십자가에 달리게 하셨다고 했습니다. 본문에 보면 하나님께서 우리와 변론하자고 했습니다. 이것은 은혜로운 초청입니다. 자격 없는 우리를 하나님 앞에 나올 수 있게 해주신 은혜로운 초청입니다.

2. 하나님이 초청한 사람들

다음은 하나님이 어떤 사람들을 초청했는지 살펴보려고 합니다. 저에게는 여기저기서 초청장이 옵니다. 그런데 이런 초청을 분석해 보면 아무에게나 보내는 것이 아닙니다. 반드시 선정해서 보내는 것을 볼 수 있습니다. 그러면 하나님이 보내신 초청의 대상은 어떤 사람들입니까?

이사야서에 보면 네 가지 유형의 사람들이 나옵니다.

첫째는 1:2에 보면 거역하는 사람들이 있습니다. 여기서 거역이란 말은 법적 관계를 깨뜨린다는 뜻입니다. 즉 하나님과의 언약을 어기고 그와의 관계를 깨뜨리는 것을 말합니다.

둘째는 3절에 보니까 깨닫지 못하는 사람들이 있습니다. 소 같은 동물도 주인을 알고, 나귀도 주인의 구유를 알건만 이스라엘은 알지 못한다고 한탄하고 있습니다.

셋째는 4절에 보면 부패한 사람들이 있습니다. 과일이나 생선이 썩듯이 썩은 사람들이 있다는 것입니다.

넷째는 5-6절에 보니 성한 곳이 없는 병든 사람들이 있다고 했습니다.

놀라운 것은 우리가 바로 이 네 부류의 사람들이란 점입니다. 지금까지 우리는 하나님의 율법을 어기고 거역했던 사람들이요, 도무지 생각이 없는 자들이요, 부패하고 영적으로 병든 자들이었습니다. 그러나 하나님은 우리를 초청했습니다. 이 얼마나 감사한 일입니까? 할렐루야.

3. 하나님의 약속

히 6:17에 보면 하나님께서 우리에게 그의 약속을 변치 않고 지키신다고 했고 심지어 맹세로 보증하셨다고 했습니다. 그러나 우리는 어떻습니까? 우리는 사흘이 멀다고 약속을 어깁니다. 그렇지만 하나님은 어제나 오늘이나 변함이 없으신 분이십니다. 이스라엘의 역사를 보십시오. 그들이 그처럼 하나님과 맺은 언약을 어겼지만 그러나 하나님은 계속해서 지켜왔습니다. 그래서 마침내 메시아 예수님을 보내주셨습니다.

그러면 하나님께서 주신 약속은 무엇입니까?

첫째는 주홍같이 붉은 죄를 눈과 같이 희개해 주신다고 했습니다. 진홍같이 붉은 죄를 양털같이 희개해 주신다고 했습니다. 다시 말하면 저와 여러분들의 지난 죄를 다 용서해주신다는 것입니다. 그것이 무슨 죄라도 다 용서한다고 했습니다. 왜 하나님께서는 우리를 초청했습니까?

둘째로 쉬게 하기 위해서 초청했습니다. 인간은 광야에서 살 때에 많은 시달림을 받습니다. 가시에 찔리고, 돌에 부딪치고, 물에 빠지고, 구덩이에 넘어지고. 그래서 한 주일이 지나면 몹시도 피곤합니다. 그래서 영적으로 쉬려고 교회에 옵니다. 저는 하나님의 종으로서 우리 성도들이 교회에 오면 영적 안식을 취할 수 있도록 최선을 다합니다. 그런데 이 영적 안식은 은혜로운 말씀, 위로의 말씀, 능력의 말씀을 들을 때에 옵니다. 그래서 성경을 연구하고, 기도하고 묵상하고 독서를 하고 준비를 많이 합니다.

셋째로 왜 하나님께서 우리를 초청하십니까? 그것은 우리를 치유하기 위해서입니다. 병든 우리들을 치유하기 위해서 하나님께서 초청하신 것입니다. 그런데 사람들은 영적 병원인 교회에 오는 것을 싫어합니다. 이제 바라기는 육적으로든 영적으로든 병든 분들이 이 시간 하나님의 말씀으로 다 치유하심을 받기 바랍니다.

넷째로 하나님께서 우리에게 생명수를 주시기 위해 초청했습니다. 지금 수돗물이 오염되어 있어서 신문에 보면 우리 사회에 이것이 사회문제화 되고 있습니다. 물이 오염되면 우리는 죽습니다. 이것은 심각한 문제입니다. 그러나 더 심각한 것은 영적으로 목이 갈해 있다는 점입니다. 광야 이스라엘 백성처럼 영적 갈증으로 목말라하고 있습니다. 암 8:11의 말씀처럼 하나님의 말씀이 없어 갈하고 있습니다. 이것을 해결하기 위해 하나님께서 오라고 한 것입니다.

4. 하나님의 약속을 받으려면?

본문에 보면 간단하게 말씀하고 있습니다. '즐겨 순종하면' 약속대로 주신다는 것입니다. 이제 우리가 사는 길은 하나밖에 없습니다. 하나님께 즐겨 순종하는 것입니다. 그러면 어떻게 하는 것이 즐겨 순종하는 것입니까? 본래 순종이란 말은 듣는다, 청종한다는 뜻입니다. 그러므로 순종한다는 말은 먼저 하나님의 말씀을 듣고 다음에는 따른다는 뜻입니다.

다음으로 순종한다는 말은 하나님의 약속을 믿는 것을 말합니다. 성경에 보면 아브라함은 하나님의 약속을 액면 그대로 믿었습니다. 그는 하나님께서 본토 친척 아비 집을 떠나 내가 네게 지시할 땅으로 가라고 했을 때 순종했습니다. 액면 그대로 믿었다는 말입니다. 즉 하나님이 그에게 주신 세 가지 약속을 그대로 믿었던 것입니다. 또 그대로 따랐습니다. 이것이 바로 순종입니다. 그래서 아브라함은 하나님 앞에서 의인이 된 것입니다.

그러나 여기서 우리가 기억해야 할 것이 있습니다. 그것은 하나님은 하나님의 초청을 받은 우리가 회개하기를 기대하고 있습니다. 가던 방향을 180도 회전하고, 못 먹을 것을 먹은 죄는 토해내는 것을 말합니다. 그러나 만약 우리가 회개하지 않으면 하나님의 심판이 임한다는 것을 기억하시기 바랍니다.

이제 설교를 마치려고 합니다. 하나님은 저와 여러분들을 초청하셨습니다. 생명수를 주시기 위해서, 또 죄의 문제를 해결해주시기 위해서, 안식을 주시기 위해서, 병을 치료해 주시기 위해서 오라고 했습니다. 우리는 주저해서는 안 됩니다. 망설여서도 안 됩니다. 이제 우리가 서로 변론하자고 하시는 하나님 앞에 나와서 해결 받는 저와 여러분들이 다 되시기를 주님의 이름으로 축원합니다.

내 아버지의 집

(요2:12-25)

　조금 전에 봉독한 말씀은 예수님께서 유월절에 예루살렘에 올라가셨다가 성전이 더러워진 것을 보고 책망하시면서 청결케 한 사건입니다. 이 말씀을 중심으로 해서 '내 아버지의 집'이란 제목으로 함께 은혜를 나누려고 합니다.

1. '내 아버지의 집'에 거할 때

　먼저 우리 성도들은 '내 아버지의 집'에 거할 때에 편하고, 풍성하고 행복하다는 것을 알아야 합니다. 우리가 가끔 돈을 많이 쓰면서 여행을 하고 집에 돌아와서 하는 말이 "집이 제일 좋아", "집만큼 좋은 데가 없어". 아무리 호텔 시설이 좋고, 음식이 고급이라도 집만큼 편하지 않다고 말합니다.

　그래서 시편기자는 시편 84편 4절에서 "주의 집에 거하는 자가 복이 있나이다. 저희가 항상 주를 찬송하리입니다."라고 했습니다.

　여러분들 가운데 자기 집이 없는 분들이 있을 줄 압니다. 저도 집 없이 남의 셋집에서 살아봤습니다. 주인이 툭하면 집값을 올려서 자꾸만 이사를 가는 불편도 있지만 더 중요한 것은 집을 가꾸면서 정신적으로 안식을 취하지 못하는 점이 힘들었습니다. 물론 이 세상의 집은 어느 것도 내 것이 아니지만 자기 집을 가진 사람과 안 가진 사람의 마음의 태도는 전혀 다릅니다. 그리고 자기 집이 있다 해도 집 안에 사랑하는 아내가 있고, 자녀가 있는 사람과 혼자 사는 사람은 또 다릅니다. 우리 말에서는 그것이 분명하게 나타나 있지 않습니다만 영어에는 house와 home의 뜻이 전혀 다릅니다. 여기서 제가 강조하는 것은 바로 홈이 있어야 한다는 말입니다. 그래야 편하고, 풍성하고, 행복합니다. 집만 있다는 것만으로는 참 행복을 느낄 수가 없습니다.

그런데 이것은 육체적 생활에도 그렇지만 영적으로도 그렇습니다. 다시 말하면 죽은 후에 돌아갈 영원한 하나님의 나라, 즉 내 아버지의 집이 있는 사람과 없는 사람은 전혀 다르다는 말입니다. 군대에 있을 때의 일이었습니다. 몇 년간 함께 근무하다가 제대할 때가 되었습니다. 군대에 있을 때에는 잘사는 사람이나 못사는 사람, 배운 사람이나 못 배운 사람, 별 차이가 없습니다. 똑같이 옷 입고, 똑같이 밥 먹고, 똑같이 훈련받습니다. 그러나 제대할 때가 되니 달랐습니다. 제대한 후에 갈 집이 있고, 직장이 보장된 사람은 목에 힘을 줍니다. 선임하사도 이것저것 부탁을 하면서 잘 봐줍니다. 그러나 제대한 후에 아무데도 갈 데가 없는 사람은 얼굴 표정부터가 우울합니다. 정말 전혀 다른 것을 보았습니다.

이것은 영적인 세계도 마찬가지입니다. 직장에서 바삐 뛸 때는 믿는 사람과 안 믿는 사람이 큰 차이가 없는 것처럼 보입니다. 그러나 다시 자기 세계로 돌아올 때 영혼이 쉴 수 있는 안식처가 있는 사람과 없는 사람은 많은 것에서 차이가 납니다. 여러분, 참으로 영혼이 쉬고 싶습니까? 참으로 풍성한 삶을 원하십니까? 참으로 행복하기를 원하십니까? 내 아버지의 집에 거하시기 바랍니다. 내 아버지 집을 소망하시기 바랍니다.

한번은 예수님께서 시몬 베드로에게 말씀하십니다. 나의 가는 곳에 네가 지금은 따라올 수 없다. 나는 너희들이 따라올 수 없는 먼 곳으로

간다. 그러자 베드로를 비롯한 제자들이 걱정이 되었습니다. 이때 주님
은 "너희는 마음에 근심하지 말라. 하나님을 믿으니 또 나를 믿으라. 내
아버지 집에 거할 곳이 많도다."라고 위로했습니다.

그러면 무엇이 내 아버지 집입니까? 거할 곳이 많은 내 아버지의 집
은 어떤 곳입니까? 궁극적으로 말하면 하나님 나라요 세상적으로 말하
면 교회가 바로 내 아버지의 집입니다. 저는 교회에 등록하지 않고 다
니는 분들에게 강요를 하지는 않습니다. 다른 데 등록되어 있기 때문에
못하는 분도 있고, 임시로 나와야 하는데 등록하기도 그렇고, 이렇게
각자 사정이 있는 것을 알기 때문입니다. 그러나 원칙적으로 말씀드리
면 등록을 해야 마음의 고향이 생깁니다. 와서 설교만 듣고 가면 마치
거지처럼 동냥하는 꼴이 됩니다. 거지는 아무리 동냥을 많이 해도 언제
나 궁핍함을 느낍니다.

또 비록 등록을 했다 해도 교회의 활동에 참여하지 않고 왔다갔다만
하면 이 교회는 영원히 남의 교회가 되고 맙니다. 어떤 의미에서건 자
기 교회의 주인이 되세요. 왜냐하면 아버지의 집은 바로 여러분들을 위
해서 하나님께서 준비하여 주신 집이기 때문입니다. 그러면 여러분들은
참으로 마음의 안식과 평안함 그리고 참 행복을 누리게 될 줄로 믿습니
다.

2. 지상의 아버지 집인 성전이 때로는 더러워진다는 것

그런데 문제가 생겼습니다. 지상의 아버지 집인 교회, 성전이 때로는
더러워진다는 것입니다. 왜 그러면 예수님 당시에 성전이 더러워졌습니
까? 성전이 더러워진 이유를 성경은 간단하게 설명합니다. 성전이 장사
하는 집이 되었기 때문입니다. 이해관계로 움직이는 장소가 되었다는
것입니다. 교회도 사람들이 모인 곳이기 때문에 자칫하면 그렇게 됩니

다. 물감을 보면 염색소의 작은 입자가 그 많은 맑은 물을 물들입니다. 교회도 마찬가지입니다. 처음부터 세속화되는 것이 아닙니다.

당시 성전에는 빈부의 차이에 따라 소와 양과 비둘기, 즉 형편에 따라 하나님께 제사를 드렸습니다. 부자는 소를 바치고, 중산층은 양을 바치고, 예수님처럼 가난한 가정에서는 비둘기를 바쳤습니다. 본래는 각자가 절기가 되면 제물을 가지고 왔습니다만 편의상, 또 제물을 검인 받는 어려움 때문에 제물을 처음에는 예루살렘 근교에서, 다음에는 예루살렘 안에서, 다음에는 아예 성전 안에서 제물들을 팔았습니다. 그것도 제사장들과 결탁을 해서 마치 독과점 품목처럼 제멋대로 값을 올려서 팔았습니다. 또 만 12살이 넘으면 남자들은 반드시 성전세를 내는데 세상의 속된 돈은 쓸 수 없다 해서 성전에서만 쓰는 세겔이란 히브리 돈을 썼습니다. 말하자면 환전상이 생기게 된 것입니다. 그러나 이들은 마치 유원지에 가면 콜라 값이 두 배로 뛰듯이 이들도 암달러상처럼 환율에 따라 받지 않고 제멋대로 받았습니다. 이렇게 해서 성전은 서서히 그리고 완전히 세속화 된 것입니다. 이런 세속화의 과정은 오늘도 마찬가지입니다. 목회자로서 부끄러운 것은 오늘의 교회가 너무 세속화되었다는 것입니다. 편의주의 때문에 세속화되고 있습니다. 그래서 온 김에 낮에 저녁예배까지 다 보고 가니, 저녁 예배란 것이 없어지고, 주일학교는 아이들이 오지 않으니까 오후 예배가 없어져 가고 이제 세속화의 바람이 교회 안에도 점점 거세게 불어오고 있습니다. 그 결과 성전은 우리의 영혼의 고향 역할을 못하고 그래서 안식을 주는 것이 아니라 골치만 아프게 하기 때문에 많은 성도들이 아이고, 교회엔 너무 깊이 개입하면 은혜가 안 돼 하고 기피하는 현상까지 일어나고 있습니다.

그러나 교회는 주님이 말씀하신 대로 만민이 기도하는 집이어야 합니다. 피곤한 영혼들이 언제든지 쉬어갈 수 있고, 근심걱정의 무거운 짐을 진 영혼들이 위로와 힘을 얻는 장소로 변해야 합니다. 편의주의 때문에 교회를 세속화시켜서는 안 됩니다. 그러면 주님이 다시 채찍을 들고 성전을 정화시킬 것입니다.

3. 내 아버지의 집에 거하려면

그러면 끝으로 내 아버지의 집에 거하려면 어떻게 해야 합니까? 그 해답이 성경 여러 곳에 있습니다만 오늘은 시편 15편에 있는 말씀만을 가지고 그 자격을 찾아보려고 합니다. 시편 15편 1절에 보면 여호와여, 주의 장막에 유할 자 누구이오며, 주의 성산에 거할 자 누구이오니까? 하고 묻고 있습니다. 누가 과연 내 아버지의 집에 거할 수 있습니까? 원하는 사람, 누구나 되는 것이 아닙니다. 2-5절까지를 보면 그 자격기준이 10가지로 기록되어 있습니다. 놀라운 것은 인간관계를 중심으로 새로운 십계명을 언급하고 있다는 점입니다.

첫째는 이중행동을 하지 말라는 것입니다. "정직하게 행하며" 마음의 청결을 강조한 말씀입니다.

둘째는 "공의를 일삼으며" 이기적인 표준에서 사는 것이 아니라 하나님 앞에서 사는 삶을 말한 것입니다.

셋째는 마음에 진실을 말하며, 주여주여 하는 자가 다 천국에 들어가는 것이 아니기 때문입니다.

넷째는 혀로 참소치 아니하고, 교회 안의 문제점을 서로 비방하는 것입니다. 자기의 허물도 많아서 다 보지 못하는데 언제 남의 허물을 볼 시간이 있습니까? 그러나 똥 묻은 개가 겨 묻은 개 나무란다고 다 그런 것 아닙니까?

다섯째는 벗에게 행악치 아니한다고 했습니다.

여섯째는 남을 멸시하지 않는 것입니다.

일곱째는 존대하는 것입니다.

여덟째는 하나님 앞에서 서원한 것은 갚는 사람입니다.

아홉째는 고리대금을 하지 않는다고 했습니다.

열째는 뇌물을 받지 않는 사람이라고 했습니다.

이제 문제는 그렇다면 과연 우리 가운데 누가 내 아버지의 집에 거할 자격이 있느냐는 것입니다. 불행하게도 이런 높은 도덕성을 가진 사람은 아무도 없습니다. 의인은 없나니 하나도 없으며 라는 말씀이 바로 그것입니다. 결국 저와 여러분들은 주님의 긍휼하심밖에는 아무것도 의지할 게 없습니다. 하나님의 은혜만 의지할 뿐입니다. 다시 말하면 우리는 주님의 십자가만을 바라볼 뿐입니다. 천부여 의지 없어서 손들고 옵니다 하는 고백을 가지고 주님 앞에 나아갑시다. 그래서 우리 마음의 고향인 내 아버지의 집에 거하여, 편하고, 풍성하고, 행복한 삶을 다 살 수 있기를 주님의 이름으로 축원합니다.

눈을 들어 밭을 보라

(요4:27-38)

우리 사람에게 있어서 가장 소중한 것은 눈입니다. 왜냐하면 바로 볼 수 있어야 바로 생각할 수 있고, 바로 행동할 수가 있기 때문입니다. 성경에는 바로 보지 못하여 망한 사람들이 많이 기록되어 있습니다. 반대로 바로 보고 구원을 받은 사람도 수없이 있습니다.

창세기에 보면 하나님께서 세상을 창조한 다음에 하나님 보시기에 좋았더라고 했습니다. 무려 일곱 번이나 보시기에 좋았더라고 했습니다. 하나님도 보시는 것을 통해서 평가한다는 말입니다. 그러나 창 3:6절에 보면 하와가 선악과를 보았을 때 먹음직도 하고 보암직도 하고 지혜롭게 할 만큼 탐스러웠다고 했습니다. 그래서 그 실과를 따먹고 남편에게도 주었습니다. 문제는 보지 말아야 할 것을 본데 있습니다.

또 창세기 13장을 보면 아브라함의 종들과 롯의 종들이 서로 다투었습니다. 할 수 없이 분가하기로 결정을 합니다. 아브라함이 말합니다. 네가 좌하면 내가 우하고 네가 우하면 내가 좌하리라. 그러나 롯은 육신의 눈에 보이는 대로 따랐고, 아브라함은 믿음의 눈에 보이는 대로 결정했습니다. 결국 롯은 소돔과 고모라를 택했고, 아브라함은 하나님의 약속을 따라 가나안 땅을 택했던 것입니다. 따라서 바로 보아야 하는데 그러려면 어떤 눈으로 보느냐가 대단히 중요합니다. 육신의 눈으로 보느냐 아니면 믿음의 눈으로 보느냐? 이것에 따라 모든 것이 결정됩니다. 민수기 13장을 보면 12정탐꾼이 가나안땅을 정탐하고 돌아왔습니다. 10사람은 보고하기를 그 땅 거민은 강하고, 성읍은 견고하고, 심히 클 뿐 아니라 거기서 아낙 자손을 보았는데 우리는 메뚜기 같다고 했습니다. 그러나 2사람은 전혀 다르게 보고합니다. 그 땅은 심히 아름답고 과연 젖과 꿀이 흐르는 땅이라. 그 땅 백성을 두려워하지 말라, 그들은 우리 밥이라고 했습니다. 차이점이 무엇입니까? 그 땅에 대한 분석입니까? 아닙니다. 분석은 같았습니다. 차이점은 믿음의 눈으로 보았느냐 아니면 육신의 눈으로만 보았느냐가 문제입니다. 결국 세상을 부정적으로 보느냐? 아니면 긍정적으로 보느냐 하는 것입니다. 이것은 바로 육신의 눈으로 보느냐 아니면 믿음의 눈으로 보느냐와 직결됩니다.

오늘 저는 보는 문제를 말씀드리려고 합니다. 본문에 보면 '눈을 들어 밭을 보라'고 했습니다. 우리가 비전을 말합니다만 그것은 바로 영적인 눈으로 보는 것을 말합니다. 믿음의 눈으로 보는 것이 바로 비전입니다. 여러분, 시골에 있으면 꼭 한 가지 문제가 있습니다. 그것은 보는 것이 부족합니다.

대전이 문화의 사각지대라고 불리는 것은 보는 것이 부족하다는 것입니다. 연극을 보고, 발레를 보고, 미술을 보고, 음악회를 보고, 책을 보아야 하는데 이것이 뒤떨어집니다. 그래서 서울 가서 얘기해 보면 촌놈 취급당합니다. 그러나 더 큰 문제는 영적으로 믿음을 가지고 보는 것이 부족하다는 데 있습니다. 한마디로 비전이 없어요. 이것은 우리뿐 아니라 주님의 제자들도 마찬가지였습니다. 고기나 잡던 촌놈들, 농사나 짓고, 힘없는 사람들 등이나 치면서 세금이나 걷던 세리, 메시야 운동한다고 칼 가지고 다니던 열심당원들, 무슨 비전이 있습니까?

그런 저들에게 주님은 말씀했습니다. '눈을 들어 밭을 보라.' 문제는 눈을 들지 않으니까 밭을 못 봅니다. 눈을 든다는 것은 바로 영적인 눈

으로 보는 것, 믿음의 눈을 가지고 보는 것을 말합니다. 세상이란 밭은
영적인 눈, 믿음의 눈을 가지고 볼 때에 비로소 보입니다. 사랑의 눈을
가지고 볼 때에 마침내 보입니다.

1. 묻는 이가 없었더라

27절을 보면 제자들이 돌아와서 이상히 여겼으나 묻는 이가 없었더
라고 했는데 그러면 왜 주님의 제자들은 이상히 여겼을까요? 크게 두
가지 이유가 있었습니다.

첫째는 당시 남자들은 여자와 길거리에서 대화를 하지 않는 것이 관
례였는데 주님은 대화를 하고 있었기 때문입니다. 당시 랍비들
의 기록을 보면 이런 말이 있습니다. "거리에서는 여자와 이야
기를 나누지 말라. 아니 자기 아내에게도 얘기를 나누지 말라"
고 했습니다. 또 심지어 어떤 기록을 보면 이렇게 언급했습니
다. "여자와 대화를 나눌 때마다 그 남자는 자신에게 악을 행
하고 있는 것이며, 율법에서 멀어지게 되고, 끝내는 지옥불에
가게 될 것입니다." 그러니 이런 배경 속에서 자라난 제자들이
주님께서 여자와 대화를 나누고 있는 것이 이상하게 보일 수밖
에 없습니다.

둘째로 유대인들은 사마리아인들과는 절대로 상종하는 법이 없는데
주님은 사마리아인과 그것도 여자와 대화를 나누니 제자들로
서는 기절할 수밖에 없습니다. 그래서 저들은 이상히 여겼더라
고 한 것입니다.

2. 사마리아 여인과의 대화는 믿는 자

사마리아 여인과의 대화는 믿는 자에게는 거듭난 뒤에는 반드시 변화
가 일어나야 한다는 것을 보여줍니다. 여자가 아이를 출산할 때 보면

신생아에게 몇 초 안에 수십 가지의 변화가 일어난다고 합니다. 먼저 빛을 보기 위해서 눈에 변화가 일어납니다. 다음은 어머니의 따뜻한 뱃속에 있다가 세상에 나오니 너무 춥습니다. 그래서 온도에 적응하는 변화가 일어납니다. 다음은 그동안은 태를 통하여 혈액이 순환되었는데 이제는 아기의 심장을 통하여 혈액순환을 해야 하는 변화가 필요합니다. 또 코나 목젖이나 소화기관이나 피부 등 수십 가지의 변화가 몇 초 안에 이루어지는 것입니다.

그런데 문제는 이런 변화는 신생아에게만 일어나는 것이 아니라 성령으로 거듭난, 새 신자들에게도 일어난다는 점입니다. 다시 말해서 육적으로 태어날 때와 똑같은 변화가 영적으로 거듭날 때에도 일어난다는 것입니다.

그 변화는 크게 네 가지입니다. 이것을 영어로는 4C(confession, change, concern, come)입니다. 이 시간에는 이 네 가지를 구체적으로 살펴보면서 과연 우리들에게도 이런 변화가 일어났는지 살펴보시기를 바랍니다. 왜냐하면 이런 변화가 없이는 거듭났다고 할 수 없기 때문입니다.

(1) 새 신자가 되면 먼저 신앙고백(confession)이 있어야 합니다.

신생아는 태어나면 '응애' 하고 웁니다. 안 울 때는 의사나 간호사가 아이를 거꾸로 붙들고 볼기를 손바닥으로 찰싹 때려서라도 울게 만듭니다. 그 이유는 자극을 주면 아이의 입안에 있던 분비물이나 양수가 쏟아져 나오면서 호흡을 촉진시킨다는 것입니다. 그러니까 신생아가 응애 하고 울면 이것은 호흡을 비롯해서 모든 기능이 잘된다는 뜻입니다.

그런데 이것은 우리 성도들에게도 마찬가지입니다. 거듭날 때에는 우리들에게도 새 생명의 외침이 '응애' 하는 외침이 있어야 합니다. 다시 말하면 예수님은 나의 구주시다 하는 신앙고백이 있어야 모든 기능이 잘 된다는 뜻입니다. 만약 이것이 없으면 이것은 신생아가 태어나도 울지 않는 것과 같아서 무엇인가 문제가 있다는 말씀입니다. 그래서 저도 영적 의사로서 여러분들의 울음을 듣고 싶습니다. 한번 따라 합니다. "나는 예수님을 나의 구주로, 나의 주님으로 믿습니다."

(2) 새로 믿으면 다음으로 가치관의 변화(change)가 일어납니다.

본문 28절에 보니 "여자가 물동이를 버려두고"라고 했습니다. 사마리아 여자가 물동이를 버린 것은 굉장한 변화입니다. 지금까지는 물 없이는 살 수 없다고 생각했습니다. 그렇다고 믿고 난 후에는 물을 안 마시는 것이 아닙니다. 다만 가치관이 변한 것입니다. 우선순위가 변한 것입니다. 이제 이 사마리아 여자에게는 더 중요한 것이 생겼습니다. 그것을 위해 지금까지 소중히 여겼던 물동이를 버린 것입니다. 이것은 과거에 전혀 생각할 수 없었던 일입니다. 과거에는 이 물은 사람 보기가 부끄러우면서도 한낮에 와야 할 만큼 소중했던 것입니다. 그런데 이제는 그것이 문제가 아닙니다. 누가 와서 물동이를 훔쳐 가면 어떻게 할까 하는 염려도 없어졌습니다. '그까짓 것, 가지고 가려면 가라지. 내게는 더 중요한 것이 있어.' 그래서 물동이를 버릴 수 있었던 것입니다.

사실 우리들에게도 예수 믿기 전에는 먹는 것, 입는 것, 잠자는 것, 이것이 전부가 아니었습니까? 그러나 주님을 영접하고 난 후에는 모든 게 달라졌습니다. 이제는 먼저 그의 나라와 그의 의를 생각하게 되었습니다. 남을 생각하고 이웃을 생각하게 되었습니다. 이것은 바로 가치관의 변화입니다. 그런데 예수를 믿으면서도 아직까지 똑같은 가치관을 가지고 있다면 이 사람은 큰 문제가 있는 것입니다.

(3) 28절에 보면 사마리아 여자는 동리에 들어갔다고 했습니다.

그것은 바로 구원받지 못한 사람들에 대한 관심(concern) 때문이었습니다. 지금까지는 나만 생각하고, 내 가정만 생각했었지만 이제는 내 마음을 생각하게 된 것입니다. 여러분, 사랑이 무엇입니까? 바로 관심입니다. 상대방에 대한 관심, 이것이 바로 사랑입니다. 말하자면 사마리아 여인은 지금까지는 나를 중심으로 해서 모든 것을 생각했습니다. 그러나 이제는 원의 중심에 내가 아닌 다른 분이 앉게 된 것입니다. 이것이 바로 가치관의 변화입니다. 이때에 타인에 대한 관심이 생겨집니다.

그런데 이 관심은 먼저 기도로써 나타납니다. 다음은 섬김으로써 나타나고, 다음은 주는 것으로 나타나고, 무엇보다도 이 관심은 다른 영혼에 대한 사랑, 즉 전도로써 나타납니다.

(4) 사마리아 여자는 마을 사람들에게 주님의 초청장을 발부했습니다.

'와 보라'(come and see). 전도란 결국 주님의 초청장의 발부입니다. 그런데 이 초청장을 발부하는 것은 그렇게 쉬운 것이 아닙니다. 왜냐하면 다른 사람들에게 주님의 초청장을 발부하는 것은 그렇게 쉬운 것이 아닙니다. 왜냐하면 다른 사람들에게 주님의 초청장을 발부하기 위해서는 적어도 타인들에 대한 사랑과 열심, 희생과 용기가 없이는 불가능하기 때문입니다. 한번 생각해 보십시오.

이 여자는 과거가 있는 사람입니다. 남편이 다섯이나 되었던 사람입니다. 사람들을 보기가 두려워 한 낮에 물을 길러 왔던 사람입니다. 그런데 이제는 자기의 과거를 사람들 앞에서 간증할 수 있게 되었습니다. 와 보라하고.

그러면 사마리아 여자의 간증의 내용은 무엇입니까? 크게 두 가지로 나눌 수가 있습니다. 하나는 주님의 초자연적 눈을 간증했습니다. "나의 행한 모든 일을 내게 말한 사람을 와 보라"는 것입니다. 둘째는 그가 바로 우리들이 기다리는 그리스도 즉 메시아라고 간증했습니다.

3. 전도자에게 주시는 주님의 축복에 대해서 살펴보겠습니다.

우리에게 최초로 말씀을 뿌린 자는 바로 주님 자신이십니다. 그러나 우리가 전도하면 주님이 뿌린 것을 추수하는 일에 우리 자신이 참여하게 됩니다. 따라서 바로 주님과 함께 즐거워하는 축복을 받습니다. 여러분, 농부들에게 최대의 기쁨은 어디에 있는지 아십니까? 바로 추수에 있습니다. 그 추수의 기쁨을 우리가 누리게 되는 것입니다. 이 축복이 이 시간 우리 모두에게 넘치기를 축원합니다.

성전에서 내어 쫓으시고

(요2 | 12-22)

1. 본문의 배경

당시 예수님은 유월절을 지키기 위해 예루살렘에 올라가셨습니다. 왜 나하면 민수기 9:2절에 "이스라엘 자손으로 유월절을 그 절기에 지키게 하라"고 명령하였기 때문에 올라 가셨던 것입니다. 그런데 예수님께서 올라가 보니 기도하는 장소여야 할 성전이 온통 장사꾼의 중심지가 되었습니다. 당시 제사에 필요한 것을 성전에서 판매하였기 때문입니다.

제사장들이 이런 매매를 통하여 이권을 탐하였던 것입니다. 그러므로 주님은 성전의 타락을 보시면서 진노하셔서 성전을 도적의 굴혈로 만들었다고 하시면서 노끈으로 채찍을 만들어 장사꾼을 내어 쫓으시고, 상을 엎으셨던 것입니다.

2. 왜 예수님은 성전을 정결케 하셨을까요?

(1) 그 이유는 크게 세 가지가 있었습니다.

1) 성전은 아버지 하나님의 집인데 당시의 종교지도자들이 성전을 악용하는 것을 보시면서 불의에 대해서 진노하시면서 성전을 정결케 하신 것입니다. 그들은 하나님께 대한 제사보다 재물의 이익을 더 좋아했기 때문입니다. 하나님께 드리는 제사를 이용하여 자기의 이익을 도모했기 때문입니다.

2) 주님은 나의 아버지의 집이라고 불렀습니다. 이런 주님의 집을 시장터로 만든 것을 그냥 내버려 둘 수가 없었습니다.

3) 메시야로서의 열심 때문이었습니다. 시편 69:9절에 보면 "주의 집을 위한 열성이 나를 삼키고 주를 훼방하는 훼방이 내게 미쳤나이다."고 예언된 말씀을 성취하시기 위해서입니다.

3. 우리가 아버지 집에 거하려면?

그 자격 열 가지를 2-5절에 언급하고 있습니다.

첫째는 깨끗한 삶을 사는 사람이어야 합니다.

둘째는 이기적인 표준에서가 아니라 정의를 실천하는 사람, 즉 하나님 앞에서 사는 신전의식을 가져야 합니다.

셋째는 마음이 진실해야 합니다. 주여 주여 하는 자가 다 천국에 들어가는 것이 아니기 때문입니다.

넷째는 입술의 열매가 있는 사람입니다. 혀로 참소하는 사람, 쑥덕거리고 교회 안에서 남의 비난을 일삼는 사람은 안 됩니다.

다섯째는 이웃에게 해를 끼치지 않는 사람이어야 합니다.

여섯째는 남을 멸시치 않는 사람들이어야 합니다.

일곱째는 주님을 두려워하는 사람들을 존경하는 사람이어야 합니다.

여덟째는 하나님 앞에서 서원한 것은 해로울지라도 갚는 사람입니다.

아홉째는 고리대금을 하지 않는 사람이어야 합니다.

열 번째는 뇌물을 받지 않는 사람이어야 합니다.

놀라운 것은 다 인간관계를 중심으로 말씀하고 있다는 점입니다. 왜냐하면 어떤 의미에서 인간관계는 하나님과의 관계의 결과요 열매이기 때문입니다.

4. 우리가 가져야 할 바른 교회관은 무엇인가?

신약시대에는 어떤 장소를 거룩하게 보지는 않습니다. 그렇다고 교회당, 혹은 예배당을 무시하는 것은 아닙니다.

(1) 본문에 보면 예수님은 예루살렘 성전을 헐라 내가 사흘 만에 다시 일으키겠다고 했습니다. 다시 말하면 진정한 의미에서 주님의 몸이 바로 성전입니다.

(2) 성도의 몸이 하나님의 전입니다. 고전 3:16절에 "너희가 하나님의 성전인 것과 하나님의 성령이 너희 안에 거하시는 것을 알지 못하느뇨?"라고 했습니다.

(3) 에베소서 2:20~22절에 우리가 서로 연결되어져 주안에서 성전이 되어간다고 했습니다.

교회, 즉 주님의 이름으로 모인 성도들의 모임이 바로 성전인 것입니다. 그렇다면 건물이 아니라 인격이 바로 성전이 된다는 점입니다. 그러므로 우리는 구별되어야 합니다. 거룩해야 합니다.

부흥하는 교회의 특징

(행2:42-47)

우리가 처음 자녀를 갖게 될 때 두 가지 큰 관심을 가집니다. 아기가 육체적으로 건강한가? 그리고 머리가 좋아서 공부도 잘하고 학교의 성적도 좋은가? 입니다. 그런데 이 두 가지의 관심은 주님도 마찬가지입니다. 교회가 세워지면 주님은 과연 잘 부흥하는가? 그리고 교회가 성령의 열매를 맺으며 주님의 손이 되어 섬기며, 내실이 있는가? 하는 관심을 가집니다.

본문에 보면 부흥하는 교회는 열 가지의 특징이 있습니다.

1. "저희가 사도의 가르침을 받아"(42절)

부흥하는 교회는 훈련과 교육이 잘 되어 있습니다. 그저 예배만 보는 교회는 절대로 성장하지 않습니다. 개인도 마찬가지입니다. 예배만 드리는 교인은 항상 손님 노릇하고, 아기처럼 다른 사람들의 도움을 필요로 합니다. 말씀도 먹여주어야 하고, 교회 오는 것도 자신의 힘으로 오지 못하여 업혀 와야 합니다.

그러나 성장하는 신자나 교회는 가르침을 받습니다. 왜냐하면 "믿음은 들음에서 나며 들음은 그리스도의 말씀으로 말미암기" 때문입니다.

2. "서로 교제하며 떡을 떼며"(42절)

성도 간에 교제가 있어야 교회는 성장합니다. 교제는 교회의 생명입니다. 초대 교회 당시 로마의 카타콤에서는 몰래 모여서 서로 교제했습니다. 혼자서 몰래 믿으면 아무에게도 들키지도 않고, 잡혀서 죽지도 않는데 그러나 이들은 위험을 무릅쓰고 모였습니다. 모여서 서로 교제했습니다.

기독교는 우리라는 믿음의 공동체이기에 우리라는 공동체를 떠난 나는 없습니다. 우리 안에 내가 있을 뿐입니다.

왜 성도의 교제가 중요한가 하면 교회는 사랑의 공동체이기 때문입니다. 롬 12:15절에 "즐거워하는 자들로 함께 즐거워하고, 우는 자들로 함께 울라"고 한 것은 교제를 의미하는 말입니다.

교제의 핵심은 사랑입니다. 이 사랑의 불은 세상에서 가장 뜨거운 불입니다. 성도들끼리 교제하면서 사랑하면 여기서도 이런 부흥의 불길이 타오를 줄로 믿습니다.

3. "기도하기를 전혀 힘쓰니라"(42절).

기도하기를 전혀 힘쓰니라는 말은 기도하는 일에 힘을 다했다는 말입니다. 초대교회는 기도에 힘을 썼습니다. 선교는 바로 이 기도의 결과였습니다.

기도는 한국교회를 성장시킨 가장 중요한 비결입니다. 한국에는 기도가 없는 모임이 없습니다. 각종 모임마다 기도가 있습니다. 한국교회가 자랑하는 것 중의 하나는 통성기도입니다. 마치 오순절의 기도처럼 하나님께 부르짖는 이 기도는 한국교회의 자랑이요 생명입니다. 그러나 지금 이런 기도가 점점 사라지고 있습니다. 그 결과 교회의 성장도 정체되고 있습니다.

기도에서 중요한 것은 회개의 기도입니다. 부흥의 불길을 위해서는 내게 제거해야 할 것이 무엇인지 알아야 합니다. 불신앙의 요소는 없는가? 탐욕이라는 우상숭배는 없는가? 주님보다 세상을 더 사랑하고 있지는 않는가? 이런 것들을 다 제거하기 위한 회개의 기도가 일어나야 합니다.

4. "사람마다 두려워하는데"

하나님의 임재를 체험했다는 말입니다. 하나님의 임재를 체험해야 교회가 성장합니다. 초대교회에서는 하나님께 대한 경외가 심히 두터웠습니다. 임재를 순간순간 체험하였기 때문입니다.

5. "모든 물건을 서로 통용하고"(44절)

강제적으로 빼앗은 것이 아닙니다. 자발적으로 바친 것입니다. 자발적으로 바친 것은 감사의 뜻이었습니다. 이웃을 생각하는 사랑의 공동체였습니다. 이런 교회가 성장합니다.

6. "각 사람의 필요를 따라 나눠주고"

초대교회는 구제하였습니다. 특히 고아와 과부들을 돌보아 주었습니다. 이 구제는 경건의 표준입니다. 약 2:27절에 "경건은 곧 고아와 과부를 그 환난 중에 돌아보는"것이라고 했습니다. 기도만 한다고, 성경을 많이 읽는다고 경건의 전부가 아닙니다.

7. "날마다 마음을 같이 하여 성전에 모이기를 힘쓰고"(46절)

잘 모여야 합니다. 모든 공적인 예배에 성도들이 부지런히 모여야 은혜를 받고, 주의 일을 할 수 있습니다. 그리고 그 모임들은 나누고 베풀기 위한 모임이어야 합니다. 그런 교회가 성장합니다.

8. "하나님을 찬미하며"(47절).

찬송을 많이 하는 교회가 성장합니다. 예배 시간이 되어야 겨우 찬송을 부르는 교회는 성장하지 않습니다. 여기저기서 찬송 소리가 항상 들려와야 합니다.

9. "온 백성에게 칭송을 받으니"(47절).

소문이 좋은 교회가 성장합니다. 세상에 소문만큼 빠른 것이 없습니다. 우리의 예배생활과 선행이 좋은 소문을 만들어 냅니다. 좋은 소문을 만들어 내는 교회가 성장합니다.

10. "주께서 구원받는 사람을 날마다 더하게 하시니라"(47절).

교회성장의 마지막 열쇠는 주님께 있습니다. 우리가 아무리 노력하고 힘써도 하나님께서 축복해주셔야 성장합니다. 주께서 날마다 더하게 하시지 않으시면 우리의 노력이 다 소용이 없습니다. 그러므로 교회의 부흥은 하나님의 은혜입니다. 인간은 도구일 뿐입니다. 성장은 절대로 우리의 노력의 결과가 아닙니다. 그러므로 하나님께 매달려야 교회는 성장합니다. 기도가 교회성장에 중요한 것은 교회성장이 바로 하나님의 축복이기 때문입니다. 다시 말하면 성령의 역사가 일어날 때 교회는 성장한다는 말입니다.

이것이냐 저것이냐의 갈림길에서

(왕상18:20-29)

본문은 엘리야가 이스라엘 백성들을 향해 두 사이에서 머뭇거리지 말라고 하는 결단 촉구의 말씀입니다. 이것은 이스라엘 백성들이 하나님을 섬기지 않았기 때문이 아니라 하나님을 섬기면서 우상도 숭배하는 것을 책망한 것입니다. 겸하여 섬기면서 필요에 따라서 이 편을 택하기도 하고 저 편을 택하기도 하는 편리주의를 책망한 것입니다.

1. 왜 인간들은 결단을 내리지 못하고 머뭇거리는가?

(1) 사람을 두려워하기 때문에 결단을 내리지 못합니다.

누가 사람들을 두려워합니까? 하나님을 두려워하지 않는 사람들이 사람을 두려워합니다. 반대로 하나님을 두려워하는 사람들은 세상에 두려운 것이 없습니다.

(2) 마음의 부담 때문에 결단을 내리지 못합니다.

하나도 잃기 싫은 심정과 둘 중에 하나를 버려야 한다는 부담 때문입니다. 물론 선택이란 다른 하나는 포기해야 하고, 버려야 하는 것이지만 이런 부담 때문에 교회에 나오면서도 온전히 헌신하지 못하는 것입니다.

(3) 내일이 있다고, 또 다른 기회가 있다고 생각하기 때문입니다.

그러나 기회는 항상 있는 것이 아닙니다. 항상 기회가 있다는 것은 사탄의 유혹입니다. 기회는 바로 지금뿐입니다. 왜냐하면 내일은 나의 시간이 아니고 하나님의 시간입니다. 지금만이, 현재만이 하나님이 내게 허락한 시간입니다.

(4) 자신의 성격적 우유부단함 때문에 결단을 내리지 못합니다.

그러나 이런 것은 손해를 보지 않으려고 하는 데서 기인합니다. 사람들의 눈치를 보기 때문에 우유부단합니다. 그러나 이런 성격을 가진 사람들은 성공할 수 없습니다.

(5) 인간의 무지에서 결단을 내리지 못합니다.

무엇이 옳은지 무엇이 그른지를 모르기 때문에 결단을 내리지 못합니다. 사람들의 말을 들어보면 다 옳은 이야기 같습니다.

(6) 게으름 때문에 결단을 내리지 못합니다.

이솝의 우화에 나오는 매미처럼 지금 쉬고 싶고, 놀고 싶기 때문에 결단을 내리지 못하는 것입니다.

(7) 세상을 너무 사랑하기 때문에 결단을 내리지 못합니다.

"데마는 이 세상을 사랑하여 나를 버리고 데살로니가로 갔다"고 했습니다(딤후4:10). 그러나 세상을 사랑하지 말라고 했습니다. 요일 2:15-16절에 "이 세상이나 세상에 있는 것들을 사랑치 말라. 누구든지 세상을 사랑하면 아버지의 사랑이 그 속에 있지 아니하니 이는 세상에 있는 모든 것이 육신의 정욕과 안목의 정욕과 이생의 자랑이니"라고 했습니다.

2. 결단을 내리기 위해서는 포기해야 할 것들이 있습니다.

우리가 버려야 할 것은?

"누구든지 나를 따라 오려거든 자기를 부인하고, 자기 십자가를 지고,

나를 좇을 것이니라"(마16:24). 다시 말하면 주님의 제자가 되어 주님을 따르려면 몇 가지 버려야 할 것이 있다는 말씀입니다.

(1) 세상적 이해관계를 버려야 합니다.

사람들은 이해관계를 따라 모든 것을 판단하려고 합니다. 이해관계의 상징이 돈인데 사람들이 돈을 좋아하기 때문에 모든 것을 굽게 봅니다. 그러나 주님의 제자가 되려면 돈을 사랑하는 것을 버려야 합니다. 그래서 바울은 돈을 사랑함이 일 만 악의 뿌리가 된다고 했습니다.

(2) 육적 쾌락을 포기할 수 있어야 합니다.

주님이 '나를 따르는 자는 자기를 부인하고'라고 했을 때 이것은 바로 세상의 육적 쾌락의 포기입니다.

(3) 헛된 망상을 버려야 합니다.

세상에서의 성공, 높은 자리, 많은 사람들을 거느리는 위치 등은 사실 헛된 망상입니다. 이런 망상을 좋아하는 사람들은 주님을 따를 수가 없습니다. 왜냐하면 주님을 따르는 길은 좁은 길이요 험한 길이기 때문입니다.

4. 우리는 어떻게 결단을 해야 하나?

(1) 불로 응답하시는 하나님의 뜻을 따라 결단해야 합니다.

본문에 보면 엘리야가 기도할 때에 하나님은 불로 응답했다고 했습니다. 이것은 하나님의 살아계심과 권능을 보여준 것입니다. 하나님의 뜻을 보여주는 것입니다.

(2) 성경말씀대로 결단해야 합니다.

성경은 영원한 표준입니다. 하나님의 말씀입니다. 그러므로 성경대로 결정하고 성경대로 믿어야 합니다.

(3) 믿음대로 결단해야 합니다.

인간에게는 두 개의 표준이 있습니다. 하나는 이성이요 다른 하나는 믿음입니다. 이성은 현상세계를 보는 표준입니다. 그러나 초자연적인 세계를 보지도 못하고 때로는 방해가 됩니다. 초자연적 세계는 오직 믿음으로만 볼 수 있습니다. 그러므로 우리가 주님의 일을 할 때에는 믿음대로 결단을 해야 합니다.

(4) 기도가 응답되는 대로 결단해야 합니다.

엘리야는 어떻게 기도했습니까? 땅에 꿇어 엎드려 그 얼굴을 무릎 사이에 넣고 기도했습니다. 이것은 바로 간절한 기도를 의미합니다.

렘 33:3절에 "너희는 내게 부르짖어라. 내가 네게 응답하겠고, 네가 알지 못하는 크고 비밀한 일을 네게 보이리라."

먼저 할 것 세 가지

(마5:23-24/ 6:3/ 7:5)

마 5-7장을 흔히 산상설교라고 부릅니다. 예수님의 설교 중 가장 중요한 설교를 요약한 부분입니다. 여기서 각 장마다 하나씩 먼저 할 것을 말씀하고 우선순위란 말은 순서를 매기는 기준을 말합니다. 예를 들어보겠습니다. 여기 투명한 유리 상자가 있습니다. 큰 돌과 자갈과 모래가 있습니다. 어떻게 하면 많은 것을 그 안에 넣을 수 있습니까? 그것은 큰 것부터 넣어야 합니다. 우리나라에 여러 재벌들이 있는데 물론 정경 유착한 점도 없지 않지만 그러나 가장 중요한 것은 그들은 우선순위를 바로 알고 행한 사람들입니다. 할 일이 많을 때 효율성을 높이는 것은 우선순위를 바로 아는데 있습니다. 여기서 예수님께서 '먼저'란 말을 한 것은 우선순위(Priority)를 말씀한 것입니다.

1. 먼저 화목에서 시작하라고 했습니다(마5:23-24).

(1) 화목이 중요한 이유

왜 화목이 중요합니까? 그것은 인간이란 말 자체가 관계적 존재를 의미하기 때문입니다. 구약의 핵심인 '십계명'을 보면 하나님과의 관계 네 가지와 인간과의 관계를 어떻게 가져야 할 것을 여섯 가지로 말씀한 것입니다. 즉 관계를 바로 가지는 비결이 바로 구약의 핵심인 십계명입니다.

화목이란 말은 상대방에 대해 '나를 바꾼다.'는 뜻입니다. 너를 바꾸는 것이 아닙니다. 그러나 우리는 상대방만 바꾸려고 합니다. 부부싸움이 그래서 생기는 것입니다. 저의 아내는 나를 바꾸려고 지난 50년간을 노력했습니다. 그래서 논쟁도 많이 했습니다. 그러다가 '제 버릇 남 주나' 하면서 최근에 와서는 자기의 관점에서 보지 않고 상대방인 남편의 관점에서 보려고 노력합니다. 이것이 화목입니다.

따라서 세상에서는 관계를 잘 가져야 성공하고 행복해질 수 있는 것입니다. 다시 말해서 항상 화목하는 자세를 취하는 것이 성공이요 행복입니다.

(2) 로비스트가 중요한 이유

정치에서 로비스트가 중요한 것은 바른 관계를 맺기 위해서입니다. 우리나라에서는 로비하는 것을 불법처럼 되어 있으나 미국에서는 그것이 합법화되어 있습니다. 그런데 참된 우리의 로비스트는 우리의 화목을 위해 제물이 되신 예수 그리스도이십니다.

십자가는 더하기, 플러스의 뜻입니다. 종적으로는 하나님과 인간을 더하고, 횡적으로는 나와 이웃을 더하는 것이 바로 십자가입니다. 따라서 십자가 없이 우리 국민이 또 남북이 하나 될 수 없습니다. 그러나 십자가의 역사가 나타나면 남과 북도 통일될 수 있습니다. 믿습니까?

2. 우리의 삶의 목표와 칭의

다음으로 먼저 할 것은 삶의 자리, 즉 우리의 목표를 어디에 두느냐입니다. 마 6:33절에 보면 너희는 먼저 그의 나라와 그 의를 구하라고 했습니다. 여기서 많은 사람들이 '그 의를 구하라'는 말을 잘못 해석하고 있습니다. 그 의란 말은 하나님과의 바른 관계를 뜻합니다. 하나님과의 바른 관계는 모든 것을 하나님을 중심에 두고, 우리는 그의 말씀에 절대적으로 순종할 때 됩니다. 창 15:6절에 보면 "아브라함이 하나님을 믿으니 이를 그의 의로 여기시고"라고 했습니다. 롬 3:26절에는 "예수 믿는 자를 의롭다 하심"을 받는다고 했습니다. 예수 믿으면 다 의롭다 하심을 받습니다. 그것을 칭의라고 말합니다.

마 6:33절은 하나님의 나라와 또 하나님과의 바른 관계(義)에 인생의 목표로 두라는 뜻입니다. 신앙생활이 무엇인가? 나의 삶의 목표를 나에게 두지 않고 하나님께 두는 것입니다. 신앙은 세 가지로 정의할 수 있습니다. 첫째는 하나님만 꼭 붙잡는 것이고, 둘째는 성경 말씀을 절대 무오한 진리로 받아들이는 것이고, 셋째는 나의 모든 문제를 다 하나님께 맡기는 것이 바로 믿음입니다. 믿습니까?

3. 먼저 네 눈 속에서 들보를 빼어라

끝으로 마 7:5절에 "먼저 네 눈 속에서 들보를 빼어라. 그 후에야 밝히 보고 형제의 눈 속에서 티를 빼리라"고 했습니다. 외식하는 눈이 아니라 먼저 진실을 보는 눈을 가지라는 것입니다. 간단히 말해 "보는 안목"을 가지라는 것입니다. 그러려면 먼저 자기개혁부터 해야 합니다. 그래야 남의 눈 속에 있는 티가 보입니다. 자신의 눈이 밖에 나타난 것만 보지 말고, 안을 보는 바른 인식을 가지라는 것입니다.

우리가 남을 향해 "저 놈이 죽일 놈이야" 하고 손가락질해 보세요. 위의 두 손가락은 남을 행해 있지만 밑에 있는 세 손가락은 나를 향해 '바로 죽일 놈은 너 자신이야' 하고 말합니다.

지금 우리나라는 역사교과서 문제로 사학계뿐 아니라 온 사회가 분열되어 있는데 이것은 우리의 역사관이 서로 다르기 때문입니다. 그러므로 우리는 일제의 식민사관을 버려야 합니다. 또 중국을 중심으로 하는 사대주의 사관도 버려야 합니다. 또 유물사관도 버려야 우리 민족이 살 수 있습니다. 그러면 어떤 사관을 가져야 합니까? 단재 신채호가 가졌던 민족사관으로 역사의식을 바로 세워야 합니다.

기도에서 중요한 것이 무엇입니까? 기도하면 처음에는 나의 관점에서 모든 것을 보다가 나중에는 하나님의 관점으로 우리의 보는 관점이 변합니다. 무엇이 이루어진 것이 아니라 다른 관점에서 보게 되는 것이 바로 기도의 핵심입니다. 인식론적 변화가 일어나는 것입니다. 다시 말해서 우리의 관점을 바꾸라는 것입니다. 나의 관점이 아니라 하나님의 관점에서 보는 것입니다. 그러면 세상의 모든 것이 다 변합니다. 그것이 진정한 개혁입니다. 그것이 진정한 회개입니다.

오늘 우리는 예수님의 가장 중요한 우선순위를 배웠습니다. 그것이 바로 성공이고 행복이고 믿음의 성숙입니다.

오늘 우리가 금식하며 기도하는 것은 먼저 할 것이 무엇인지 찾기 위해서입니다. 그것을 우리는 예수님의 산상수훈에서 볼 수 있습니다. 첫째는 상호간에 화목하는 것이고, 둘째는 우리의 목표를 하나님의 나라와 하나님과 바른 관계를 가지는데 두는 것입니다. 셋째는 개혁의 순서가 사회나 나라가 아니라 나 자신부터 개혁해야 합니다. 내가 먼저 모든 것을 내려놓고, 내가 먼저 죽어야 나라가 살고 사회가 삽니다.

이제 우리는 이 고난주간에 머리에 재를 뿌리고 하나님 앞에 회개하고 금식하며 하나님의 긍휼하심을 바라고 생명을 걸고 매달려야 합니다. 하나님께서 우리를 용서해주지 않으시면 우리는 여기서 죽겠다는 죽으면 죽으리라고 하는 에스더의 각오로 매달려야 합니다. 한번 따라해봅시다.

"죽으면 죽으리다!"

함께 잠깐 찬송하고 다시 말씀을 듣겠습니다.

때가 있나니

(전3:1-8)

전도서 3장에 보면 30번이나 때가 있다는 말이 반복해서 나옵니다. 오늘은 3:1절 마지막에 나오는 "때가 있나니"라는 말씀을 중심으로 은혜를 나누려고 합니다.

1. 모든 것은 다 때가 있다고 했습니다(1절)

우리에게는 누구에게나 어렸을 때 철없이 놀던 때가 다 있었을 것입니다. 그러다가 우리 자신이 자녀를 낳고, 부모가 된 후에야 후회한 것이 많이 있을 것입니다.

우리들이 철이란 말을 사용할 때에는 두 가지의 뜻이 있습니다. 하나는 '꽃은 철따라 핀다'고 했을 때처럼 단순히 '계절'을 의미합니다. 그러나 '철이 없다'고 했을 때는 '사리를 분별하는 지혜가 없다'는 그런 뜻입니다. 그런 면에서 우리는 이제는 정말 철이 들어야 합니다. 자칫하면 '철들자 망령난다'는 말처럼 될 수도 있습니다.

최근에 제가 쓴 시를 하나 소개하겠습니다.

제목은 '오늘이 있기에'라는 시입니다.

어제가 있기에 오늘이 있고,

내일이 있기에

오늘에 소망이 있는 것을 알았습니다.

어제와 오늘과 내일이 있기에,
영원이 있는 것도 알았습니다.

내게 주어진 오늘로 인해서,
일할 수 있는 것을 알고 난 후에는,
어제가 있는 것을 몰라 부모에게 불효하고,
하나님께 불평, 원망했던 것을 회개합니다.

내일이 있기에 나는 오늘에 최선을 다하고,
오늘이 있기에 나는 충성하면서
사랑하며 살렵니다.

그러면 모든 것에 때가 있다는 말은 무슨 뜻입니까? 그것은 하나님의
때, 작정된 때가 있다는 뜻입니다.
모든 일에는 (1) 시작의 때가 있고,
            (2) 성장의 때가 있고,
            (3) 성취의 때가 있고,
            (4) 소멸의 때가 있다는 뜻입니다.
하나님의 작정한 때는 항상 오늘에 있습니다. 그러므로 오늘에 시작
하지 않으면 영원히 못하고 맙니다. 그러나 우리는 항상 내일 내일하며
미루다가 평생을 허송세월하고 맙니다.
어떤 중국 여자가 남편에게 새 코트를 사달라고 부탁을 했습니다. 짠
돌이인 남편이 물었습니다. 그러면 헌 코트는 어떻게 할 거야? 그것으
로 베게 카바를 만들 겁니다. 그러면 헌 카바는 뭣에 쓸 거야? 그것으
로는 새 행주를 만들 겁니다. 그럼 헌 행주는 어떻게 할 거야? 그것으

로는 걸레를 만들 겁니다. 그럼 헌 걸레로는 무얼 할 거야? 그것으로는 잘게 썰어서 시멘트와 혼합해서 봄에 우리 집 도처에 난 구멍을 메우겠습니다. 그러자 짠돌이 남편은 '어서 가서 새 코트를 사시오' 하면서 돈을 주었습니다.

여러분 하나님에게는 휴지통이 필요 없다는 것을 아십니까? 그것은 하나님께는 매사에 목적을 가지고 계시기 때문에 만들 때 불필요한 것을 만들지 않기 때문입니다. 그러므로 우리도 '버려진 영역에서 오늘이라는 기회와 때'를 찾을 수 있기를 바랍니다. 그러면 버릴 것이 없습니다.

2. 성공은 하나님의 때를 따라서 살 때 이루어집니다,

'때는 바로 기회입니다.'

스탠리 스타인이란 이름의 나병환자가 있었습니다. 그는 나환자 수용소에 있었는데 몇 번 자살을 하려고 했지만 실패를 하고 그래서 기왕이면 적극적 사고방식을 가지고 살기로 했습니다. 내게 남은 것이 무엇이 있을까? 두 가지가 있다는 것을 발견했습니다. 하나는 생명이고, 다른 하나는 정상적인 정신이었습니다. 그래서 그는 그가 나환자 수용소에 있으면서 책을 쓰기로 결심했습니다. 도서관에 가서 작가가 되는 책을 빌려서 읽기 시작했습니다. 그것을 본 의사가 "스탠리 그것은 당신에게는 필요 없는 책인데" 하고 지나갔습니다.

그러나 스탠리는 아랑곳하지 않고, 나환자의 생활상을 하나씩 쓰기로 했습니다. 나환자인 나보다 더 나환자의 생활상을 아는 사람은 없다고 생각했던 것입니다. 마침내 책이 완성되었습니다. 제목은 「이제는 외롭지 않다」란 책이었습니다.

하나님의 때는 모든 사람들에게 주어져 있습니다. 때가 없는 사람은 없습니다. 그러나 그것은 적극적 사고방식을 가질 때만 보입니다. 적극적 사고방식은 믿음의 아들입니다. 그러므로 새 해에는 하나님이 주신 기회, 하나님의 때를 이용할 줄 아는 우리들이 다 되시기를 축원합니다.

3. 때를 따라 사는 지혜란 무엇인가?

(1) '날 계수하는 지혜'입니다(시90:12)

시편 90편은 모세의 시로 유명한 말씀입니다. 10절 이하를 보면 "우리의 연수가 칠십이요 강건하면 팔십이라도 그 연수의 자랑은 수고와 슬픔뿐이요 신속히 가니 우리가 날아가나이다. 누가 주의 노(怒)의 능력을 알며 누가 주를 두려워하여야 할 대로 주의 진노(震怒)를 알리이까? 우리에게 우리 날 계수함을 가르치사 지혜의 마음을 얻게 하소서"(10-12)라고 했습니다.

여러분, 우리가 사는 인생을 분석하면 평균 80년간 산다고 해도 일하는 시간은 얼마 되지 않습니다. 어떤 사람이 그것을 통계로 내어 보았습니다.

> 잠자는데 20년
> 일하는데 20년
> 먹는데 6년
> 노는데 7년
> 옷 입는데 5년
> 전화하는데 1년
> 담배 피우는데 2년 반(신자들은 차 마시는데 2년 반)
> 침대에 누워 있는데 2년 반
> 다른 사람을 기다리는데 3년
> 신발 신는데 5개월

아무 것도 안 하고 있을 때가 10년이나 됩니다.

교회에 오고 가고 예배드리는 데는 2년 반을 보낸다고 합니다.

이렇게 인생이란 빨리 지나갑니다. 그래서 저는 인생이란 "엄벙덤 벙 20년, 이것저것 20년, 아차아차 20년"이라고 표현합니다. 화살처럼 빨리 지나가는 인생이기에 바울은 엡 5:16절에서 "세월을 아끼라. 때가 악하니라"고 말씀한 것입니다. 여기서 세월을 아낀다는 말은 세월을 최 대한 이용하라는 뜻입니다. 그러므로 우리는 흘러가는 세월을 잡아야 합니다. 가만히 있으면 기회가 절대로 오지 않습니다.

(2) 날 계수를 한다는 것은 '역사의식'을 가지는 것을 말합니다.

여러분 우리는 다 역사적 존재입니다. 따라서 우리는 역사의식을 가 지고 있어야 합니다. 그렇지 않으면 엄벙덤벙하고 살게 됩니다. 역사를 보면 역사의식은 15세기 때부터 일어난 계몽주의사상에서 비롯되었습 니다. 이때 사람들은 인간은 이성적 존재이기 때문에 모든 것은 다 진 보된다고 생각했습니다. 관연 그런 것일까요?

근세사에서 가장 유명한 사람은 칸트 철학의 완성자인 헤겔이란 사람 입니다. 그가 유명해진 것은 그의 변증법 때문이었습니다. 그는 모든 사물의 과정을 '정-반-합'의 과정으로 진행된다고 주장했습니다. 바로 이 철학 위에 현대의 사생아인 마르크스의 공산주의가 탄생했습니다.

그러나 제가 태어나기 바로 전 해에 죽은 오스왈드 슈펭글러는 그의 저서 「The Decline of the West」(서구의 몰락)에서 문명은 마치 유기체 와 같아서 '발생-성장-노쇠-사멸'의 4과정을 밟게 된다고 하면서 서양 문화의 몰락을 예언했습니다.

그에게 영향을 받은 사람이 바로 영국의 아놀드 토인비입니다. 그도 슈펭글러와 마찬가지로 역사의식을 위기의식으로 생각하고 그의 유명한 12권의 「A Study of History」란 책을 썼습니다. 그는 서구의 문명은 어디로 갈 것인가의 관점에서 연구했습니다. 중요한 것은 그도 역사를 하나의 유기체로 보았다는 점입니다. 그는 역사란 문명이고, 그 문명은 '발생–성장–해체'의 세 과정으로 진행한다고 했습니다. 토인비의 유명한 말은 역사는 'Challenge and Response'(도전과 응전)의 상호작용에 의해서 이루어가고, 그것은 다수에 의해서 진행되는 것이 아니라 '창조적 소수'(Creative-minority)에 의해서 이루어간다고 보았습니다.

여러분 우리는 철학자가 될 필요는 없지만 그러나 역사의식은 가져야 합니다. 이 역사의식을 가지는 사람이 바로 창조적 소수입니다. 그저 잘 먹고, 잘 입고, 즐겁게 사는 것이 인생의 전부는 아니기 때문입니다.

(3) '하루하루를 값있게 사는 것'을 말합니다.

그것은 바로 하나님의 뜻을 이루는데 삶의 목적을 두는 것을 말합니다. 인생은 하루하루가 모여서 이루어지기 때문에 우리는 날마다 시작과 진행과 마감이 있는 것을 잊지 말아야 합니다. 참으로 보람 있고, 가치 있는 삶은 어떤 삶입니까? 그것은 바로 청지기 의식을 가지고 사는 사명자로서의 삶입니다. 다시 말하면 우리는 마 25장에 있는 달란트의 비유에서 볼 수 있듯이 다 청지기일 뿐 결코 역사의 주인이 아닙니다. 주인은 예수님이십니다. 그러므로 하루하루의 가치 있는 삶이란 청지기의 삶입니다. 그런 새해가 되기를 축원합니다.

(4) 날마다 '종말론적 의식'을 가지고 사는 삶을 말합니다.

종말론이란 영어로 Eschatology라고 하는데 이 말은 헬라어의 Eschatos란 말에서 유래된 말입니다. 이 에스카토스란 말은 마지막이란 뜻과 새로운 시작이란 두 가지의 뜻을 가지고 있습니다. 그런데 그리스도 안에서의 삶이 바로 종말론적 삶입니다.

지금까지 우리들은 나를 중심으로 한 이기적 생활을 하여 왔습니다.

그러나 이제는 그리스도 안에서 새로운 피조물이 되었기 때문에 이제부터는 그리스도 중심의 삶을 살아야 합니다. 그것이 바로 종말론적 삶입니다. 바라기는 나 개인은 물론 교회와 국가가 다 그리스도 중심으로 방향을 바꿀 수 있기를 바랍니다. 나의 왕국이 아니라 그리스도의 왕국을 이루기 위해서 힘쓰는 해가 되기를 축원합니다.

맺는 말

이 세상에는 세 가지 종류의 사람들이 있습니다.

첫째는 기회가 왔을 때 그것을 꼭 잡아서 성공하고 축복받은 동방박사들과 같은 사람들이 있습니다.

둘째는 기회가 왔을 때 그것을 놓치고 후회하며 한탄하는 여관집 주인과 같은 사람들이 있습니다. 가룟 유다와 같은 사람입니다.

끝으로 기회가 왔을 때 그것을 놓칠 뿐만 아니라 악용해서 심판을 받은 천추에 한이 되는 헤롯왕과 같은 사람들도 있습니다. 바라기는 모두가 동방박사들처럼 우리에게 주어진 기회를 꼭 잡고, 잘 활용해서 성공할 뿐 아니라 행복한 한 해가 되기를 축원합니다.

고난주간에 살펴볼 7교회

(계2-3장)

이번 한 주간의 새벽기도회에서는 계시록에 기록된 7교회를 통해서 주님이 인정하는 교회와 성도들이 되시기를 축원합니다.

1. 칭찬만 받은 빌라델비아 교회(계3:7-13)

고난주간 특별 새벽기도회의 표어 : '기도적금 들어 부자신자 되자'

오늘의 표어 : '기도적금 찾아, 열린 문 활용하자'

고난의 주님께서 우리들에게 주시는 오늘의 말씀을 살펴보자.

(1) 빌라델비아 교회는 어느 시대나 있는 유형의 교회

세대주의자들은 빌라델비아 교회를 19세기 선교 시대를 뜻한다고 하지만 지금도 이런 교회는 존재하고 있고, 또 초대교회에도 있었던 것을 부정할 수 없다. 그러므로 빌라델비아 교회는 어느 시대나 있는 유형의 교회로 볼 수 있다.

(2) 빌라델비아 교회는 어떤 교회인가?

신약성경에는 빌라델비아란 말이 7번 나온다. 그 뜻은 '형제의 사랑'이다. 빌라델비아 교회는 팔레스타인의 북쪽, 서머나에서는 15마일 지점에 위치하고 있다. 이 지역에는 두 가지의 특징이 있었다. 첫째는 화산이 있고, 항상 지진의 위험이 있는 지대였기 때문에 사람들은 그 재난의 위험을 안고 살고 있었다. 그러나 빌라델비아 교회는 불안정 속에

서도 안정을 누린 교회였다. 심지어 이슬람교에 의해서 침범을 받았을 때에도 조금도 요동이 없었던 요새지였다. 지금은 약 일만 오천 명 정도의 인구를 가지고 있으며 그 가운데서도 그리스 정교도들이 약 5백 명 정도 된다. 지금은 '알라 쉐우'(하나님의 도시란 뜻)라고 부른다. 12절에 예언된 하나님의 이름을 기록하겠다는 약속이 그대로 성취된 것이다.

둘째로 빌라델비아에는 농산물인 포도가 많이 나는 곳이었다. 그래서 이 지역 사람들은 술의 신인 '디오니소스'라는 신을 섬겼다. 이 이름은 후에 박쿠스(여기서 박카스란 이름이 나왔다)로 바뀌었다.

(3) 외형이 별다른 점이 없는 교회

당시 빌라델비아 교회는 사람들의 눈으로 볼 때에는 별로 중요하지 않은 교회였는지 모른다. 숫자도 많지 않았고, 재정도 부족했고, 사회적으로도 낮은 계급의 사람들이었다. 그러나 주님은 칭찬만 했다. 고후 12:9절의 말씀처럼 "이는 내 능력이 약한 데서 온전하여"지기 때문이라고 했다.

(4) 빌라델비아 교회에 대한 주님의 칭찬은?

"내가 네 행위를 아노니"(8절) 이 구절은 7교회에 다 나오는 말씀이다. 우리의 모든 형편을 다 알고 계신다는 말이다. 그러나 이 구절은 그 교회의 형편에 따라 칭찬이 될 수도 있고, 경고가 될 수도 있는 말씀이다.

왜 주님은 칭찬하셨는가?

첫째로 "네가 '적은 능력'을 가지고도 내 말을 지키며" 주님이 적은 능력을 칭찬한 것에 주목해야 한다. 적은 능력이란 이들의 신분, 지위 등의 외적인 조건이 시원치 않다는 뜻이다. 그러나 이들은 주의 말씀에 귀를 기울이고 지켰다. 이것은 인내함으로 주님의 재림을 기다리라는 명령을 지켰다는 뜻이다.

둘째는 "내 이름을 배반치 아니하였도다." 변절이나 배교를 하지 않았
　　다는 뜻이다.

셋째는 열린 문 '천국의 문, 복음의 문, 선교의 문'을 잘 활용한 교회
　　였기 때문이다. 좀 더 구체적으로 말하면 암미아(주후 100-160)
　　란 여선지자가 이 교회를 관할하면서 큰 부흥이 일어나게 되었
　　다고 한다.

(5) 빌라델비아 교회에게 주시는 권면은?

11절에 "내가 속히 임하리니 네가 가진 것을 굳게 잡아 아무나 네 면
류관을 빼앗지 못하게 하라"는 말씀이다. 여기서 주님은 속히 임하겠다
고 하였는데 이것은 '충성된 자들에게 주시는 위로의 말씀이다. 빌라델
비아 교회가 가진 것은 무엇인가? 주님이 주신 말씀을 의미한다.

면류관에는 두 가지 종류가 있다. 첫째는 디아데마(왕관)가 있고 둘째
는 스테파노스(승리의 관)이 있다. 본문에서는 후자에 속한 것을 의미한
다.

가진 것을 굳게 잡지 않아 잃은 경우를 보면 에서가 장자권을 가볍게
여기다가 야곱에게 빼앗긴 경우(창25:34)를 들 수 있다. 르우벤이 도덕
성 때문에 유다에게 장자권을 빼앗긴 경우도 있다(창49:4,8), 사울 왕이
교만하여 다윗에게 왕권을 빼앗긴 경우, 국고를 맡은 셉나가 불충성하
다가 엘리아김에게 빼앗긴 경우(사22:15-25), 요압 장군과 아비아달 제
사장이 불충성하다가 브나야와 사독에게 빼앗긴 경우, 가룟유다가 주님
을 배신하여 맛디아에게 사도직을 빼앗긴 경우 등을 들 수 있다.

(6) 빌라델비아 교회에 주시는 하나님의 축복은?

첫째로 시험의 때를 면하게 하리라(10절). 시험의 때란 두 가지의 뜻
이 있다. 개인적으로 당하는 여러 가지의 고통이나 혹은 우리 모두에게

있을 큰 환란, 여호와의 날을 말한다.

둘째로 하나님의 성전에 기둥이 되게 하리라(12절). 지금도 빌라델비 아 교회는 다 무너졌지만 두 기둥은 남아 있다. 즉 하나님 나라에서의 요동치 않는 위치를 의미한다.

셋째로 새 이름을 그의 위에 기록하리라(12절). 빌라델비아 교회는 티 베리우스 황제로부터 '네오가이사랴'라는 이름을 부여받았고, 베스파시 안 황제로부터는 '플라비아'란 이름을 받았다. 그래서 이들에게는 새 이 름이란 말이 어색하지 않았다. 이것은 저들에게 '천국의 시민권'을 뜻하 는 말이었다.

기도제목 : 우리에게 주신 열린 문(기회)을 바로 활용할 때 빌라델비 아 교회처럼 하나님의 축복을 받는다.

(7) 마무리 기도

1) 주여 우리 교회는 빌라델비아 교회처럼 칭찬만 듣는 교회가 되게 하옵소서.

2) 우리에게 주신 열린 문을 활용할 수 있는 지혜와 믿음을 주시옵소 서.

2. 책망만 받은 미지근한 라오디게아 교회(3:14-22)

고난주간 특별 새벽기도회의 표어는 '기도적금 들어, 부자신자 되자' 입니다.

오늘의 표어 : '기도적금 찾아 안약 사서 영안 뜨고, 금 같은 믿음 가 져 무기력함 회복하자.'

주님께서 우리에게 주시는 말씀을 살펴보자

(1) 라오디게아란 이름

라오디게아란 이름은 주전 3세기경에 안티오커스 2세가 그의 아내의

이름을 따서 만든 이름이다. 라오디게아는 브리기아의 수도였다. 그러
므로 그 규모가 대단히 컸던 것을 알 수 있다.

(2) 라오디게아 지역은 몇 가지의 특징이 있었다.

첫째로 상업 지역이었기 때문에 은행들이 많았다. 물질적으로 부요한
　　지역이었다는 말이다.

둘째는 안약 생산지로 유명하였다. 특별히 이 지역에는 프리기안이란
　　가루가 생산되었는데 백태에 넣으면 금방 낫는 신기한 약이었
　　다고 한다. 이 약은 귓병에도 좋아서 이 고약을 바르면 금방
　　낫기도 하였다고 한다. 또 이곳에는 유명한 의학을 가르치는
　　학교가 있었고 유명한 안과 의사들이 많이 있었다고 전해진다.

셋째는 온천 지역으로 유명하였다. 지금도 그곳에 가면 미국의 이엘
　　로스톤처럼 히에라폴리스에서부터 뜨거운 물이 흘러내리는 것
　　을 볼 수 있다. 특별히 히에라폴리스의 남쪽 경사지에는 파묵
　　칼레(목화성이란 뜻)라 불리는 광활한 온천 지대가 펼쳐져 있다.
　　온천수에 포함된 다량의 칼슘으로 축적된 것인데 마치 목화송
　　이로 뒤덮인 성처럼 보인다.

넷째로 양털이 많이 생산되기 때문에 의류 제조업으로도 유명한 곳이
　　었다. 그뿐 아니라 악한 것으로도 유명한 곳이었다. 특별히 치
　　료의 신으로 통하는 뱀 신인 아스클레피우스를 섬기는 신전이
　　있는 곳이었다. 그 당시 아폴로 신전과 로마시대의 유물들이
　　지금도 남아 있다. 또 다른 소아시아처럼 쾌락을 추구하였다.
　　세 개의 큰 극장과 서커스 공연장이 있었는데 3만 명을 수용할
　　수 있는 큰 규모의 것이었다고 한다.

(3) 라오디게아 교회에 대하여 주님이 책망한 것은 무엇인가?

크게 네 가지이다.

첫째로 "나는 부자라"고 하면서 외적인 부만을 자랑하였다. 영적으로
는 가난한 것을 깨닫지 못하였던 것이다.

둘째로 "네가 차든지 덥든지 하기를 원하노라"고 하였다(15절). 영적
무력함을 말씀한 것이다. 히에로폴리스에서 오는 뜨거운 물과
골로새로부터 오는 찬물이 섞여서 식수로 사용하기에 부적합
하였다고한다. 그래서 물을 마신 자들이 많이 토했다고 한다.

셋째는 "네 '곤고'한 것과 '가련'한 것과 가난한 것을 알지 못하도다."
고 하였다(17절). 서머나 교회와는 정반대의 궁핍에 처해 있었
다. 신앙적으로 가난하여 주님께 대한 헌신과 사랑을 바칠 수
없는 형편이었다. 그들의 곤고는 전쟁으로 인해 파괴되고 약탈
당했을 때의 모습을 말한 것인데 라오디게아 교회는 자신이 그
런 모습을 가지고 있었음에도 그것을 깨닫지 못하였던 것이다.
'가련'함이란 부활을 믿지 못한 사람의 비참한 상태를 묘사할
때 사용되는 말이다(고전 15:19).

넷째는 "네 눈먼 것을 알지 못하도다."(도덕적 영적 부패를 깨닫지도 못하고,
다만 위선적인 삶만 살고 있었다.) 외적으로는 화려한 옷을 입고 있
었지만 영적 부패를 가리지는 못했던 것이다.

(4) 라오디게아 교회가 사는 비결은?

먼저 구비해야 할 것 세 가지(18절)가 있다고 하였다.

첫째는 불로 연단한 금을 사라고 했다. 왜냐하면 영적 가난함을 해결
하기 위해서이다. 그것은 벧전 1:7절의 말씀에 기록된 대로
'믿음'을 의미한다. 믿음을 가진 자가 참 부자이기 때문이다.

둘째는 흰옷을 사라고 했다. 이 흰옷은 '의의 옷', 그리스도의 속죄의
옷을 의미한다. 라오디게아의 검은 광택 나는 양모가 아니라

인간의 모든 죄와 허물을 덮으시는 그리스도의 속죄의 옷이 필요한 것이다.

셋째는 안약을 사서 바르라고 했다. 영계를 보는 판단력이 필요하다는 뜻이다. 영적 시각장애를 치료하는 데는 '말씀'의 안약과 '주님 자신'이 필요한 것이다.

넷째는 열심을 내라고 하였다(19절). 왜냐하면 이것이 라오디게아 교회의 미지근함을 치료하는 첫 번째 단계의 치료법이기 때문이다. 현재 명령형인데 이것은 계속적인 뜻을 가진다.

다섯째는 회개하라고 하였다. 이것은 두 번째 단계로서 결정적 치료방법이다. 부정과거 명령형인데 결단적 면을 말씀한 것이다.

여섯째는 주님의 음성을 듣고 문을 열라고 했다(20절). 주님의 음성을 듣고 문을 열면, 즉 이기는 자에게는 세 가지를 주시겠다고 약속했다. 이것은 죄인을 향한 주님의 초청장이다(홀만 헌트의 그림). 내가 들어가겠다./ 더불어 먹겠다./ 주님의 보좌에 함께 앉게 하여주겠다./고 하였다. 이 얼마나 놀라운 축복인가?

우리가 가져야 할 기도 제목은?

1) 우리의 믿음은 라오디게아 교회처럼 차지도 아니하고, 덥지도 않는 주님 앞에서의 역겨운 자가 되지 않게 하옵소서.

2) 라오디게아 교회처럼 자기만족에 빠져서 자신의 벗은 것도 깨닫지 못하고, 영적으로 소경된 자가 되지 않게 하시고, 영의 귀를 열어 영음을 듣게 하소서.

3) 라오디게아 교회처럼 부요 속에 빈곤한 교회가 되지 않게 하옵소서.

3. 시체같이 영적으로 죽은 사데교회(계3:1-6)

고난주간 특별새벽 기도회의 표어 : '기도적금 들어, 부자신자 되자'
오늘의 표어 : '기도적금 들어, 산 신앙 회복하자'

(1) 사데교회의 특징

사데는 오늘의 터키, 즉 루디아의 수도이다. 이 도시는 팍토로스 (Pactolus) 강변에 세워진 도시이다. 특히 이곳은 사금으로 유명하다. 금이 그들의 우상이 된 것이다. 당시 사데 지역은 재물이 많은 곳이었다. 고레스 왕이 이곳을 점령했을 때 6백만 불에 해당하는 전리품을 얻었다고 한다. 사데 지역은 상업의 중심지로서 특히 염색으로 유명한 곳이었다. 역사가들의 기록에 의하면 사데 교회는 사도 요한의 설교로 세워진 교회라고 한다. 바로 이런 교회에 주님의 경고를 들은 사도의 마음은 대단히 아팠을 것이다. 사데 교회는 이슬람교가 들어오기 전에 망한 최초의 교회로 알려져 있다. 그 세속화와 자유주의가 얼마나 심한지 성경은 "살았다 하는 이름은 가졌으나 죽은 자로다"고 규정하고 있다.

오늘날 세계의 여러 곳을 방문해 보면 이런 유의 교회를 많이 볼 수 있다. 유럽은 하나님이 떠난 지 오래 되었고, 미국은 금방 떠나셨고, 한국은 지금 떠나고 계신다. 이 얼마나 무서운 일인가?

(2) 책망만 받은 교회

사데 교회는 책망만 받은 교회이다. 놀라운 것은 이런 교회 안에 "그러나 사데에 그 옷을 더럽히지 아니한 자 몇 명이 네게 있어 흰옷을 입고 나와 함께 다니리니"(4절)라고 말씀한 점이다. 이 '남은 자'에 대한 말씀에 주목해야 한다. 많은 사람 가운데 소수, 육적 사람들 가운데 영적 사람, 더러운 자들 가운데 깨끗한 자, 잠자는 자들 가운데 깨어 있는 자, 잃은 자들 가운데 구원받은 자, 패배한 자들 가운데 승리한 자가 있다는 것이다. 이 소수의 사람들에게 주님은 귀한 약속을 주셨다. 오늘의 요절인 5절의 말씀이다.

(3) 사데 교회가 사는 비결은 무엇인가?

세 가지를 말씀하고 있다. 생각하고(기억하고=처음에 들었던 말씀, 그들이 받았던 교훈들을 다시 기억해야 한다.)/ 지키어(현재 명령, 계속적 행동을 의미한다.)/ 회개하라(3:3)

(4) 사데 교회에 대한 주님의 책망과 경고는 무엇인가?

네 가지의 권고의 말씀이 있다.

첫째는 처음 들은 복음을 잊지 말아야 한다.

둘째는 회개하는 것이다. "만일 깨지 아니하면 내가 도적같이 이르리니"(3:3). 이와 비슷한 말씀이 데살로니가 전서 5:2절에서도 발견된다. 이것은 '깨어 있으라'는 말씀이다.

셋째는 지켜야 한다. 그 남은 바를 강하게 해야 한다. 옷을 깨끗하게 빨아서 입어야 한다. 여기서 더러운 옷이란 도덕적으로 문란한 것과 영적으로 불신실한 것을 말한다. 그러면 어떻게 옷을 깨끗하게 빨 수 있는가? 계 7:9, 14절의 말씀처럼 '어린 양의 피에 그 옷을 씻어 희게' 하는 것을 말한다. 그렇게 될 때에 합당한 자가 된다.

넷째는 일깨워야 한다. 조심한다는 뜻이다.

오늘의 말씀이 내게 주는 교훈은 무엇인가?

우리의 형식적인 신앙을 반성해 보자.

마무리 기도

1) 주여, 사데 교회처럼 죽은 교회, 살았다 하는 이름은 있으나 실상은 죽은 자가 되지 않게 하옵소서. 경건의 모양만 있고 경건의

능이 없는 자가 되지 않게 하옵소서.

2) 모든 것이 세속화되어 가고, 썩어가는 가운데 살아 있는 우리가 되게 하옵소서. 형식적인 신자가 되지 않게 하옵소서.

4. 우상숭배로 얼룩진 두아디라 교회(계2:18-29)

(1) '기도적금 들어, 부자신자 되자.'

'기도적금 들어, 더럽게 살지 말자, 깨끗하게 살아보자'

(2) 오늘의 말씀을 함께 살펴보자.

1) 본래 '두아디라'라는 말은 두 단어에서 유래된 말이다.

하나는 '희생제물'이란 말이고, 다른 하나는 '계속적'이란 말이다. 이것은 두아디라 교회의 성격을 잘 대변해준다. 그들은 계속적으로 우상에게 희생제물을 드리는 것과 관련되었던 것이다. 두아디라 교회는 행16:14절에 보면 비단장수 루디아의 고향으로 되어 있다.

2) 고고학자인 렘지 경에 의하면 두아디라는 상업조합의 조직이 유명한 곳이라고 했다. 이 조직에 가입하지 않으면 성공할 수 없을 정도로 당시 사회는 우상과 깊이 관련되어 있었다고 한다.

3) 이 교회에는 이세벨('불순한'이라는 뜻)이란 이름을 가진 자칭 선지자라고 하는 여자가 있었다. 교회는 그녀를 용납하였다고 했다. 이세벨에 대하여는 전혀 알려진 바가 없다. 그러나 전해 오는 바에 의하면 감독의 아내라는 설도 있고, 유대인 회당이란 설도 있고, 실제로 존재했던 인물이란 설 등 여러 설들이 있다.

4) 두아디라 교회에 대한 주님의 칭찬은?

크게 다섯 가지가 있다.

첫째는 '사업' 즉 교회의 프로그램이 다양하였다.

둘째는 에베소 교회와는 달리 '사랑'이 있는 교회였다.

셋째는 믿음이라고 했다. 이 얼마나 훌륭한 교회인가?

넷째는 섬김(diakonia에서 영어의 deacon이란 말이 유래)이 있는 교회였다. 그들은 구제와 같은 자발적인 봉사로 유명하였다.

다섯째는 인내할 줄 아는 교회였다. 인내는 성령의 선물이다.

5) 두아디라 교회에 대한 주님의 책망은?

21절에 보면 "회개할 기회를 주었으되 그 음행을 회개하고자 아니 하는도다"라고 했다. 처음에 이세벨은 겉으로는 중생한 듯이 보였고 신앙을 고백하였으나 마음이 완악하여 반항하고 조직을 하였다. 놀라운 것은 에베소 교회는 이런 사교를 '미워'하였고, 버가모 교회는 '용납'하였고, 두아디라 교회는 '환영'하였다는 점이다. 그러므로 두아디라 교회는 회개하지 않는 것과 이단을 환영한 문제점을 가지고 있었다.

그러면 이세벨(구약에 나오는 아합 왕의 처와 동명이인)이 한 일은 무엇인가? 20절에 네 가지가 나온다. 첫째는 '가르쳐', 둘째는 '꾀어'(유혹), 셋째는 '행음하게 하고', 넷째는 "우상의 제물을 먹게 하는도다."

24절에 나오는 이세벨이 유혹한 사탄의 깊은 것(2:24)이란 무엇인가? 아마도 이것은 신비적인 지식(그노시스)로서 그들만이 가지고 있다는 소위 '계시'를 말한다. 다시 말하면 사탄의 깊은 것을 말한다고 하면서 사탄과 교제하였던 것이다.

6) 고난의 주님께서 주신 경고와 권면은?

① "회개하라"

② "너희에게 있는 것을 주님이 오실 때까지 굳게 잡으라" 그렇지 않으면 "그를 침상에 던질 터이요 또 그로 더불어 간음하는 자들도 만일 그의 행위를 회개치 아니하면 큰 환난 가운데 던져"(22절)

(3) 오늘의 기도제목은?

1) 주여, 두아디라 교회처럼 타협하는 교회가 되지 말게 하시고, 타

협하는 성도가 되지 말게 하소서

2) 성경대로 깨끗하게 살게 하소서

오늘의 표어 : '기도적금 들어, 향기 나는 성도 되자'

5. 오늘의 말씀을 함께 살펴보자(계2:8-11)

(1) 당시 서머나 교회의 배경은?

이 편지는 7교회에 보내는 편지 가운데 가장 짧은 메시지이다.

특징은 주님의 책망이 하나도 없다는 사실이다. 당시 서머나 교회는 핍박을 받는 교회였다. 따라서 이 편지는 위로와 확신을 주는 내용으로 되어 있다. 서머나 교회는 에베소의 북쪽 약 40마일 지점에 위치하고 있었다. 지금은 이곳 이름이 터키의 이지미르(Izmir)라고 불리는 곳이다. 서머나란 말이 이지미르란 말로 변질된 것이다. 서머나(Smyrna)란 말의 어원은 〔myrrh〕(몰약)이란 뜻이다. 당시 인구는 약 30만 정도였다. 항구로서 유명하고, 소아시아로 들어가는 관문이다. 로마 당시에는 가장 큰 도시의 하나였다. 헬라 도시로서 세계에서 가장 아름다운 곳이었다. 조각으로 유명한 곳이었으나 불행하게도 모든 조각된 인간의 형상을 부정하는 마호메트 교도들에 의해서 다 없어지고 말았다. 서머나란 이름은 이곳에서 수출되는 몰약에서 그 이름이 유래되었다. 몰약은 자두 같은 열매를 맺는 나무에서 나오는 송진 같은 것이다. 이 몰약은 옷이나, 시체에 넣어서 방부제로 사용되었다. 구약의 출애굽기를 보면 몰약은 아론에게 기름 부을 때에 사용되었고(30:23), 시편 45:8절이나 잠언 7:17절과 아가서 3:6절에서 향유로 사용되고 있다.

신약에서는 3번 사용되고 있다. 첫 번은 동방 박사들이 아기 예수님에게 드릴 예물로 사용되고 있고, 다음에는 예수님이 십자가에 못 박힐 때에 향유 섞은 포도주를 마시게 하려고 했다고 기록되고 있다. 세 번째는 요 19:39절에 아리마대 요셉이 예수님의 시체를 쌀 때에 향유를 발랐다고 했다.

(2) 향기롭고 등대 같은 서머나 교회

산업이 그처럼 성행한 서머나 도시에 작은 교회가 세워졌는데 그 교회가 바로 서머나 교회이다. 영적으로 어두운(이교도들이 성행하고, 도덕적 부도덕한) 곳에서 서머나 교회는 복음을 증거하는 등대였다.

몰약(유향)이 사용되기 위해서는 먼저 자신이 부서져야 향기를 발할 수 있다. 그런데 서머나 교회가 바로 이 몰약처럼 부서졌던 것이다. 그래서 역사상 그처럼 아름다운 향기를 내게 된 것이다.

(3) 서머나 교회의 형편은?

많은 핍박을 받은 교회이다. 딤후 3:12절의 말씀처럼 "무릇 경건하게 살고자 하는 자는 핍박을 받으리라" 특별히 주후 155년에 폴리갑이란 감독이 황제 숭배를 거절했다는 이유로 86살에 순교의 제물이 되었다. 그를 유혹하는 형리에게 "나는 86년간 살았지만 예수님은 단 한 번도 나를 배신한 적이 없었습니다. 그런데 내가 어떻게 그 예수님을 배신합니까?"하고 대답했다고 한다. 화형으로 협박하자 "당신은 나에게 불로 협박하지만 불은 한 시간 후에는 꺼지고 말 것입니다. 그러나 당신은 자신을 기다리고 있는 심판의 불과 영원한 형벌을 모르고 있습니다. 지체하지 말고 뜻대로 하십시오" 하고 두려움 없이 순교의 제물이 되었다고 한다.

(4) 서머나 교회에 대한 칭찬

첫째로 "내가 네 환란과 궁핍을 아노니"

여기서 환란이란 큰 돌이 위에서 짓누른다는 뜻이다. 당시 핍박은 극심한 것이었다. 심지어 정원의 불을 밝히기 위해서 성도들의 기름을 짜는 일까지 했다고 한다. 또 물질적으로도 궁핍하였다. 핍박에 대한 이유는 황제숭배의 거절, 식인종으로서의 오해, 로마 시에 방화했다는 네로 황제의 거짓 증거, 국가 반역죄 등이었다.

둘째로 "실상은 부요한 자니라" 누가 부자인가? 남에게 많은 것을 줄 수 있는 사람이 부자이다. 그런 뜻에서 참된 신자는 진정한 의미에서 참된 부자이다. 물질적으로는 가난할지 모르나 영적으로는 부자란 뜻이다. 아무리 주어도 부족함이 없는 사랑과 복음과 그리스도의 풍성함이 있기 때문이다. 다음 구절에서 알 수 있다.

약 2:5 "가난한 자를 택하사 믿음에 부요하게 하시고"

고후 6:10 "가난한 자 같으나 많은 사람을 부요하게 하고, 아무것도 없는 자 같으나 모든 것을 가진 자로다"

셋째로 "자칭 유대인(사단의 회)이라 하는 자들의 훼방도 아노니" 유대인 중에는 높은 자리에 있는 자들도 많았는데 이들은 황제 숭배를 이용하여 로마제국을 충동질해서 기독교인들을 처형하였다.

5. 오늘 말씀이 구체적으로 우리에게 무엇을 적용하고 있는가?

(1) 좋은 조건이 좋은 신앙의 조건이 되지 못한다

좋은 환경이나 좋은 조건이 좋은 신앙의 조건이 되지 못한다. 악조건에서도 그리스도만을 바라보면 놀라운 신앙을 소유할 수 있다는 것을 증거해 준다. 과연 나는 어떤가?

(2) 참된 부는 세상적인 부가 아닌 영적 부이다

참된 부는 세상적인 부가 아니고, 영적 부를 가지는 데 있다. 그러나 세상은 물질적 부를 위해서 불의를 행하는 것을 서슴지 않고 있다. 그렇다면 나는 이런 세상 풍조를 따르는 것이 아니라 서머나 교인들처럼 세상의 모든 것을 배설물로 여기고 오직 그 나라와 그 의를 구하는 신앙을 가지고 있는가? 우리 자신을 살펴보자.

6. 서머나 교회에 보낸 편지

오늘 고난의 주간에 서머나 교회에 보낸 편지를 통해 주님께서 우리들에게 특별히 주시는 말씀은 무엇인가? 그것은 백합은 가시에 찔리면 찔릴수록 향기를 더욱 내듯이 우리들이 세상에서 고난을 당하고 핍박을 당하고, 힘들다 할지라도 향기를 잃지 않는 성도가 되어야 한다는 것을 교훈해줍니다. 오늘의 표어를 함께 따라합시다.

"기도적금 들어 향기 나는 성도가 되자!"

오늘의 표어 : '기도적금 들어, 혼합주의 청산하자'

6. 오늘의 말씀을 함께 살펴보자(계2:12-17)

(1) 버가모란 말은?

본래 버가모란 말은 '혼합된 결혼'이란 뜻이다. 두 말이 결합된 것인데 '향상'이란 단어와 '결혼'이란 두 단어가 합쳐진 것이다. 속임수의 뜻이 내포되어 있다. 고후 6:14-16절의 말씀처럼 그리스도의 교회라고 하면서 하나님의 말씀과는 달리 세상과 짝하는 일을 하였기 때문이다.

영국의 박물관에 가면 콘스탄틴 황제 때의 동전이 있다. 거기에는 한쪽에는 기독교의 표상이 있고 다른 한편에는 옛날 이방 신들의 표상이 있다. 놀라운 것은 지금도 로마 가톨릭에서는 아직도 많은 표상이나 직분 가운데 그런 이방적인 것을 그대로 유지하고 있는 것이다. 예를 들면 콘스탄틴 대왕이 가지고 있던 직분인 Pontifex Maximus란 말은 '이방의 대제사장'이란 뜻이다.

(2) 버가모란?

오늘날 서부 터키에 가면 벨가마(Bergama)란 곳이 있는데 이 말은 버가모란 말이 변질된 것이다. 비길 데 없이 아름다운 곳이다. 버가모의 산물로서는 양피지(parchment)가 있다.

(3) 버가모는 사탄의 위(位)가 있는 곳

버가모는 로마시와 마찬가지로 놀라운 도시이다. 히스롭이란 학자가 쓴 책 가운데 「두 개의 바빌론」이란 고전이 있다. 그에 의하면 바벨론의 제사장 직이 버가모로 전래되었고, 후에 로마로 넘어갔다는 것이다. 그래서 요한은 버가모가 사탄의 위가 있는 곳이라고 묘사하였다.

(4) 버가모 교회가 칭찬 받은 것은 무엇인가?

첫째로 주님의 이름을 '굳게 잡았다'는 점이다. 버가모에 유명한 사람은 안디바(모든 것을 반대하여)인데 그에 대해 우리는 아는 바가 별로 없다. 그러나 확실한 것은 주님께서 그를 "나를 믿는 믿음을 저버리지 아니하였도다."고 칭찬한 점이다. 주님은 이 안디바를 '나의 증인'이라고 하였는데 그 뜻은 '나의 순교자'란 말이다.

(5) 버가모 교회가 책망 받은 것은 무엇인가?

"그러나 네게 두어 가지 책망할 것이 있나니"라고 하였다. 버가모에는 안디바와 같이 칭찬 받는 성도가 있었지만 온 몸은 썩은 교회였다. 그러면 두어 가지의 책망 내용은 무엇인가?

첫째로 사탄의 위가 있는 곳이었다(2:13). 이것에 대하여는 여러 가지의 견해가 있다.

    (가) 에스클레피우스(뱀신)의 숭배지

    (나) 핍박이 심한 곳

    (다) "가이사는 신이요 주님이시다"라고 외치며 황제숭배를 한 곳이었다.

    (라) 우상숭배의 중심지였다.

둘째로 발람(민22장-25장)의 교훈을 지키는 자들이 있었다. 이것은 니

골라당의 교훈을 의미하기도 한다. 그러면 그 교훈은 무엇인
가? 민31:15-16절을 보면 발람의 교훈이란 이방 사람들과의
결혼을 통해서 이방의 우상숭배에 빠지게 하고, 쾌락주의에 빠
지게 한 것을 말한다. 바로 그 결과로 인해 하나님께서 이스라
엘을 저주하게 만든 것이다. 이 타협의 죄가 이스라엘에게 큰
올가미가 된 것이다.

⑹ 버가모 교회가 살 수 있는 비결은?

첫째로 "그러므로 회개하라"(16절)는 말씀대로 죄를 토해내고, 세상을
　　향하던 걸음을 주님께로 향해야 산다.

둘째로 "귀 있는 자는 성령이 교회들에게 하시는 말씀을 들을지어다."
　　는 말씀대로 하나님의 말씀을 들어야 산다.

⑺ 고난의 주님께서 우리에게 이 새벽에 주시는 말씀은?

첫째로 안디바처럼 십자가의 증인이 되라

둘째로 세속주의와의 혼합, 샤머니즘과의 혼합, 기복신앙과의 혼합,
　　신비주의와의 혼합을 버려라. 내가 고난당하고 십자가를 진 것
　　은 너희를 순결한 신부가 되게 하려 함이니라.

7. 칭찬만 받은 빌라델비아 교회(계3:7-13)

새로 시작되는 우리 제2중앙교회는 이웃 사람들에게서는 물론 하나
님에게서 칭찬만 받는 교회가 되기를 축원합니다.

저는 여러 해 전에 터키의 선교지를 방문할 기회가 있었습니다. 그
때에 계시록에 나오는 일곱 교회를 방문하면서 많은 것을 보았습니다.
오늘 본문에 나오는 빌라델비아 교회는 결코 큰 교회가 아니었습니다.
그러나 주님에게서 칭찬만 받았습니다. 계시록 2장과 3장에 나오는 일
곱 교회들을 특징적으로 분류를 하면 책망만 받은 교회가 사데교회와

라오디게아의 두 교회가 있고, 칭찬과 책망을 동시에 받은 에베소 교회, 버가모 교회, 두아디라 교회의 세 교회가 있습니다. 그러나 서머나 교회와 오늘 함께 살펴보려고 하는 빌라델비아의 두 교회는 주님에게서 칭찬만 받았습니다. 새로 시작되는 우리는 바로 그런 교회가 되기를 원합니다. 진심으로 주님에게 칭찬만 받는 교회가 되기를 원하는 분들은 한번 아멘 하시기 바랍니다.

1. 어떻게 할 때에 칭찬만 받는 빌라델비아 교회와 같은 교회가 될 수 있을까?

빌라델비아 교회는 버가모의 성도들이 소아시아의 중부 고원지대의 입구에 개척한 교회였습니다. 지금 그 유적지를 가보아도 알 수 있듯이 빌라델비아 교회는 별로 크지도 않고, 외형적으로는 자랑할 아무것도 없는 교회였습니다. 건물의 크기나 성도들의 숫자나 일년의 예산이나 정말 밖으로 내놓을 만한 것이 없는 교회였습니다. 아마 당시의 사람들에게는 별로 눈에 띄지 않는 교회였을 것입니다. 그런데 놀라운 것은 주님께서는 빌라델비아 교회를 칭찬하였습니다.

이름이 좋아서입니까? 빌라델비아란 말은 필리아(사랑)란 말과 아델포스(형제)란 말의 합성어입니다. 이름 그대로 형제의 사랑이 넘치는 그런 교회였습니다.

미국에 가면 동부에 필라델피아란 오래된 도시가 있습니다. 저는 거기서 7년간을 공부하였습니다. 참 아름다운 도시입니다. 아마도 계시록에 있는 빌라델비아 교회처럼 되고 싶은 심정에서 이름을 그렇게 지었을 것입니다. 우리는 이름은 비록 빌라델비아 교회는 아니지만 그러나 내용은 그런 교회가 되기를 바랍니다. 저는 제가 있는 동안 그런 교회를 만들도록 최선을 다할 것입니다. 최소한 기초를 놓을 수 있으리라 믿습니다.

그러나 칭찬만 받는 교회는 그냥 생기는 것이 아닙니다. 목회자의 비전과 장로님들의 협력과 교인들의 수고와 가장 중요한 것은 하나님의 축복이 없이는 절대로 빌라델비아 교회와 같은 그런 칭찬만 받는 교회는 이루어지지 않습니다. 믿습니까?

2. 빌라델비아 교회의 특징

(1) 빌라델비아 교회의 '열린 문'

첫째로 빌라델비아 교회는 '열린 문'이 있었습니다. 8절에 "볼지어다 내가 네 앞에 열린 문을 두었으되" 교회는 문이 항상 열려 있어야 합니다. 그러나 현대 교회는 교회의 문이 닫혀 있을 때가 많습니다. 목회자와 교인들 간의 대화의 문이 닫혀 있습니다. 안 그렇습니까? 장로님들과 성도들 간에도 대화의 문이 닫혀 있습니다. 이 문을 저는 열 것입니다. 여러분들의 협조를 바랍니다.

안타까운 것은 전도의 문이 닫혀 있고, 선교의 문이 닫혀 있습니다. 이런 문이 활짝 열려지기를 축원합니다. 저는 우리 교회가 적어도 다섯 가지의 문이 열려지기를 바랍니다.

첫째는 목회자와 성도들, 성도들과 성도들 간의 '대화의 문'이 열려지기를 바랍니다. 이것이 바로 사랑이고 인간사회의 기본입니다.

둘째는 '전도의 문과 선교의 문'이 열려지기를 바랍니다. 빌라델비아 교회는 바로 이 문이 열려졌던 것입니다. 다윗의 열쇠를 가지신 주님께서 교회에 위임하신 천국의 열쇠를 잘 사용했던 것입니다.

셋째는 '기도의 문'이 열려져야 합니다. 기도의 문은 강제로 되는 것이 아닙니다. 응답의 체험이 쌓일 때 열려지는 것입니다.

넷째는 '지역 사회에 대한 봉사의 문'이 열려져야 합니다. 물을 떠난 물고기가 살 수 없듯이 지역 사회를 떠난 교회는 뿌리를 내릴 수 없습니다.

끝으로 중요한 것은 '시온의 대로의 문'이 활짝 열려야 합니다. 교회는 천국의 지점이기 때문에 뭐니 뭐니 해도 많은 천국의 합격자들을 배출해야 합니다. 시온의 대로는 천국으로 가는 길이요 또 위로부터 주시는 축복의 문입니다. 그런데 문이 먼저 열려야 하지만 그 문을 사용하지 않으면 아무런 의미가 없습니다. 그런데 빌라델비아 교회는 8절 하반절의 말씀처럼 "적은 능력을 가지고도 내 말을 지키며 내 이름을 배반치 아니하였도다." 순종하는 교회였습니다. 또 10절에 보면 "네가 나의 인내의 말씀을 지켰은즉", 얼마나 놀라운 교회입니까?

(2) 하나님이 '주신 축복을 굳게 잡은 교회'였습니다.

11절에 보면 "내가 속히 임하리니 네가 가진 것을 굳게 잡아 아무나 네 면류관을 빼앗지 못하게 하라"는 말씀은 부탁의 말씀이기는 합니다만 실제로 빌라델비아 교회가 실천했던 것입니다.

(예화) 논산 훈련소에서 배식할 때 통과 탕 중에서 큰 것을 감춤. 참이상한 것은 남의 떡이 더 커 보이는 것입니다. 그래서 이미자기가 가지고 있는 것을 귀중한 줄 모르고 남의 것을 탐을 냅니다. 그래서 십계명 제일 마지막에 무엇이라고 했습니까? 이웃의 집이나 아내나 소유물을 탐내지 말라고 했습니다.

성경에 하나님이 주신 것을 귀한 줄 모르고 굳게 잡지 않아서 망한 사람들이 많이 있습니다. 그 중에 몇 가지 예를 들면 (1) 에서가 장자권을 귀한 줄 모르다가 야곱에게 빼앗겼고, (2) 사울 왕은 이스라엘의 왕직이 얼마나 중요한 것을 모르고, 굳게 지키지 않다가 맛디아에게 사도직을 빼앗겼습니다. 그런데 우리도 사실은 하나님이 주신 것을 안 지킬 때가 종종 있습니다.

먼저 믿음은 하나님이 주신 선물입니다. 그것을 귀한 줄 알고, 굳게 지켜야 하는데 에서처럼 팥죽 한 그릇에 팔 때가 많습니다. 다음은 자기의 남편과 아내가 얼마나 귀한 것을 알아야 합니다. 옛날 우리 선조들은 조강지처를 귀하게 여기라고 했습니다. 그러나 지금은 너무도 급변하고 있습니다. 물론 여자들은 이렇게 변합니다. 처음에는 허리를 한 손으로 안을 만큼 날씬했지만 아기들을 낳을 때마다 커지면서 나중에는 나온 것이 들어갈 줄을 모르게 될 때 남편들은 다른 여자에게 눈길을 주게 됩니다. 현대에 마귀가 사용하는 가장 무서운 무기는 바로 '비교의식'입니다. 그러므로 하나님이 주신 남편과 아내를 귀하게 여기고 죽는 날까지 굳게 잡으시기를 바랍니다.

사실 나에게 필요한 것은 하나님이 다 주십니다. 그러므로 이미 받은 것을 함부로 다루지 말고 귀하게 여겨 굳게 잡으시기를 주님의 이름으로 부탁합니다.

(3) 빌라델비아 교회는 '승리하는 교회'였습니다.

12절에 보면 "이기는 자는 내 하나님 성전에 기둥이 되게 하리니"라고 한 것은 빌라델비아 교회에게 주신 약속입니다. 그런데 실제로 빌라델비아 교회에게 주신 약속입니다. 그런데 실제로 빌라델비아 교회는 승리하는 삶을 살았습니다.

오늘 우리도 승리하는 삶을 살기를 축원합니다.

오늘 우리는 모든 면에서 승리할 수가 있습니다. 믿습니까?

우리는 먼저 자신과의 싸움에서 이겨야 합니다. 인간은 누구에게나 위기가 다가옵니다. 재정적 위기는 물론 건강의 위기도 오고, 가장 무서운 것은 신앙적 위기도 온다는 사실입니다. 칭찬만 받은 빌라델비아 교회도 유대인들의 많은 핍박과 박해를 받은 교회입니다. 그러나 그들은 이런 것을 극복하고 승리하였습니다. 우리들도 다 승리할 수 있기를 축원합니다.

우리가 승리하는 비결은 에베소 6장 10절 말씀 이하에 기록된 하나님의 전신 갑주를 입고, 싸울 때 우리는 승리할 수 있습니다. 그 중에서도 중요한 것은 크게 세 가지입니다. 첫째는 하나님이 주신 믿음으로 승리할 수 있습니다. 둘째는 기도입니다. 셋째는 말씀의 검입니다.

주님은 막 9:23절에서 이렇게 말씀했습니다. "할 수 있거든이 무슨 말이냐 믿는 자에게는 능치 못할 일이 없느니라" 바울은 빌립보 4:13절에서 "내게 능력주시는 자 안에서 내가 모든 것을 할 수 있느니라"고 했습니다. 그러므로 믿음이 이깁니다.

"믿음이 이기네. 믿음이 이기네. 주예수를 믿음이 온 세상 이기네"

다음은 '기도'입니다. 주님은 막 9:29절에서 "기도 외에 다른 것으로는 이런 유가 나갈 수 없느니라"고 했습니다. 끝으로 주요한 것은 '말씀의 검'입니다. 히 4:12절에 보면 "하나님의 말씀은 살았고, 운동력이 있어 좌우에 날선 어떤 검보다 예리하여 혼과 영과 및 관절과 골수를 찔러 쪼개기까지 하며 또 마음의 생각과 뜻을 감찰하시느니라"고 했습니다.

맺는 말

빌라델비아 교회는 열린 문을 하나님의 영광을 위해서 잘 사용했습니다. 주님이 주신 것을 귀한 줄로 알고 굳게 잡았습니다. 믿음과 기도와 말씀으로 승리하는 교회였습니다. 그 결과 예루살렘 성전의 두 기둥처럼 역사에 영원히 남는 교회가 되었고 주님에게서 칭찬만 받는 교회가 되었습니다. 우리 제2중앙교회도 그런 교회가 될 수 있기를 주님의 이름으로 축원합니다.

위의 것을 찾으라

(골3:1-4)

골로새서 3장은 '그리스도인의 생활원리'를 말씀하고 있습니다. 그리스도인의 생활원리는 한 마디로 해서 위의 것을 찾는 삶입니다. 예수님께서도 마 6:33절에서 "너희는 먼저 그의 나라와 그의 의를 구하라. 그리하면 이 모든 것을 너희에게 더하시리라."고 했습니다. 이 말씀에서 주님은 두 가지 중요한 원리를 말씀하고 있습니다. 첫째, 그리스도인의 삶의 우선순위 '먼저'는 위의 것이고, 둘째 삶의 방향은 아래가 아니라 위의 것을 바라보면서 살라는 것입니다.

1. 위의 것을 찾으라는 말의 뜻은?

인생은 평생 무엇을 찾다가 끝납니다. 젊어서는 멀리 있는 것을 찾습니다. 학교를 찾고, 배우자를 찾고, 직장을 찾습니다. 늙어서는 가까운데 있는 것을 찾습니다. 안경을 찾고, 다른 사람의 눈에 띄지 말라고 깊이 감추어둔 곳을 몰라서 찾고 또 찾고 그래서 인생은 찾다 맙니다.

(1) 위의 것에 우선순위를 두라

위의 것에 우선순위를 두라는 말입니다. 인간에게는 우선순위를 어디에 두느냐에 따라 그 사람의 삶의 방향이 변합니다.

(2) 땅의 것을 생각지 말라

3절의 말씀처럼 "땅의 것을 생각지 말라"는 뜻입니다. 다시 말하면 땅의 것에 우선순위를 두지 말라는 뜻입니다.

(3) 본능적인 것을 억제하라

땅의 것, 육신적인 것, 본능적인 것을 억제하라는 뜻입니다. 육신적인 것이나 본능적인 것은 다 이유가 있어서 우리들에게 주었습니다. 먹는 본능이 없으면 바쁠 때, 입맛이 없을 때 안 먹게 되지요. 그러나 먹는 본능 때문에 먹기 위해 도둑질도 합니다. 성적 본능이 없으면 바쁜 사람들은 자녀가 없을 것입니다. 부부간의 사랑도 정신적인 것에 머물 것입니다. 그러므로 본능은 꼭 필요한 것입니다. 그러나 거기에 우리의 관심과 노력을 다 빼앗기고 말면 우리는 하나님과 동행하는 삶을 살 수가 없습니다. 그러므로 이 본능에는 브레이크(break)를 붙여 두라는 것입니다. 그런데 자동차 중에 가장 위험한 것은 브레이크가 고장 난 자동차입니다. 그런데 본능에는 사이드 브레이크밖에 없다는 점입니다. 그래서 조정하기가 힘듭니다.

2. 왜 위엣 것을 찾아야 합니까?

(1) 그리스도와 함께 다시 살리심

1절 상반절의 말씀처럼 우리는 이미 "그리스도와 함께 다시 살리심을 받았으면" 옛 자아는 이미 죽었고, 새 자아가 살아났기 때문입니다. 새 자아는 그리스도의 통치를 받고 있습니다. 다시 말해서 성도의 신분은 옛 자아는 이미 그리스도와 함께 죽었고, 새 자아는 그리스도와 함께 부활한 것입니다. 그래서 루터는 그리스도인의 이중신분을 말했습니다.

(2) 우리의 영적 통치자는 바로 예수님

1절 하반절의 말씀처럼 "거기는 그리스도께서 하나님 우편에 앉아 계시니라". 이 땅에서도 정치하는 사람은 물론 대통령의 통치 철학에 많은 관심을 가집니다. 그것은 대통령의 통치철학에 따라 그 사회가 움직이기 때문입니다. 그런데 지금 우리의 영적 통치자는 바로 예수님이신데 그는 지금 하나님의 우편에 앉아계십니다. 예수님이 통치하고 계시기 때문입니다.

(3) 너희 생명이 그리스도와 함께

3절의 말씀처럼 "너희 생명이 그리스도와 함께 하나님 안에 감취었음이니라"고 했기 때문입니다. 그리스도의 생명은 감추어져 있지만 그것이 우리 안에 있기 때문에 더 이상 세상 것은 필요가 없습니다.

3. 위의 것을 찾으라

'위의 것을 찾으라'는 것은 땅의 것을 찾지 말라는 것인데 왜 땅의 것을 찾지 말라는 것입니까?

(1) 영적으로 죽은 자

영적으로 우리는 이미 죽은 자이기 때문입니다. 그래서 3절에 "이는 너희가 죽었고"라고 말씀한 것입니다.

(2) 죽은 사람에게 땅의 것은 다 임시

죽은 사람에게 땅의 것은 다 임시이고, 잠정적이기 때문에 육체의 생명이 살아 있을 동안만 필요한 것입니다.

(3) 땅에는 영광도 생명도 없음

땅에는 영광도 생명도 없기 때문입니다. 인간은 누구나 영광과 생명을 찾지만 그것은 육체가 살아있을 때뿐입니다.

맺는 말

성공적인 삶을 살기 위해서는 삶의 방향이 먼저 바로 서야 합니다. 그것을 본문은 '위의 것을 찾으라'고 했습니다. 바라기는 우선순위를 바로 해서 날마다 하나님께는 영광, 자신에게는 승리의 삶이되기를 축원합니다.

우리의 당면한 위기와 해결방법

(광화문 앞에서의 설교)

1. 왜 우리가 오늘 모여서 기도합니까?

이유가 분명해야 합니다. 그것은 지금 우리가 '큰 위기에' 처해 있기 때문입니다. 우리는 지금 총체적 위기에 처해 있습니다. 재미있는 것은 위기라는 한자의 뜻입니다. 위기(危機) 여기서 '위'란 말은 위험이란 뜻이고 '기'란 말은 기회란 말입니다. 그러므로 위기는 기회입니다.

우리는 지금 크게 다섯 가지의 위기에 놓여 있습니다.

(1) 첫 째는 '갈등과 분열의 위기'입니다

우리의 갈등을 해결하기 위해서 박근혜 대통령을 탄핵해서 쫓아내고 문재인을 대통령으로 뽑았습니다. 그러나 지금 갈등과 분열이 해결된 것이 아니라 오히려 더 심해졌습니다. 촛불집회 후에 데모가 40%나 증가했습니다. 지금 한국에서는 계급투쟁이 벌어지고 있습니다. 저는 주로 지하철을 탑니다. 광화문 지나가는 버스는 안탑니다. 데모하지 않는 날이 거의 없기 때문입니다.

(2) 두 번째는 '경제적 위기'입니다

달라 값이 계속 올라가 난리인데 문제는 기업과 가정과 정부가 지금 지고 있는 부채가 3,783조원(전 국민이 3년간 한 푼도 안 쓰고 갚아야 할 만큼의 큰돈이다). 물론 경제도 성장하지만 실상은 성장의 궤도를 완전히 이탈

했다. 빈부의 격차, 인구의 고령화까지. 앞으로 많은 기업들이 도산할 것이고 가정들이 뿔뿔이 살길을 찾아 흩어질 것입니다.

(3) 셋째로 가장 큰 위기는 '청년의 위기'

청년들의 실업이 100만 명이 넘어가고 있습니다. 그런데다 소비심리가 장기불황으로 이어지고 있습니다. 대학 들어가기 위해 사교육비가 얼마나 많이 들어갔는가? 그래서 소위 일류대학에 들어가면 기뻐하고 난리인데 문제는 취직 못한 일류대학이 무슨 소용이냐는 것입니다. 더욱 기막힌 것은 취업한 사람들도 비정규직이 너무 많습니다. 여러분 청년들이 일할 기회가 없는 나라에 무슨 희망이 있습니까? 취직해도 은행에서 융자하여 공부한 사람들은 그것을 갚을 길이 없습니다. 결혼은 생각도 못할 정도입니다. 자식들에게 왜 결혼하지 않느냐고 재촉하지 마세요. 자살할 정도입니다. 왜 자살률이 세계에서 제일 높습니까? 취직이 되어도 60에는 거의 은퇴를 해야 하는데 수명이 길어져서 앞으로는 100세는 보통일 것입니다. 그러면 앞으로 40년간은 무엇을 먹고 삽니까? 지금 청년들은 56.4%가 결혼이 아닌 동거를 택하고 있습니다.

(4) 네 번째 위기는 경제체제인 자본주의가 수명을 다했다

세계는 그동안 중앙관리체제의 공산주의와 시장경제의 자본주의로 양분되어 있었으나 이미 공산주의는 러시아가 소비에트연방국을 포기하면서 공산주의는 이론상으로 이미 죽었습니다. 중국도 경제는 자본주의를 따르고 있고 북한도 중국을 모방하려고 합니다.

그런데 문제는 우리의 경제체제인 자본주의가 수명을 다 해서 앞으로 세계는 대수술을 해야 살게 되어 있다는데 있습니다. 현재의 자본주의는 14가지 큰 문제를 안고 있습니다. 경제 세미나가 아니기 때문에 자세히 말씀드릴 수는 없고, 세 가지만 말씀드리겠습니다. 자본주의로서

는 첫째 빈곤해결책이 없습니다. 둘째는 불평등이 더욱 심해질 것입니다. 셋째로 자동화로 인해 일자리가 없어집니다. 앞으로 많은 분야의 일자리는 로버트가 반 이상 차지하게 될 것입니다. 사람들은 계속해서 개인주의와 사리사욕에만 집중하게 될 것입니다. 그래서 필립 코틀러를 비롯한 많은 전문가들은 이미 자본주의는 죽었다고 말합니다. 한 가지 확실한 것은 '자본주의에는 행복이 없다'는 점을 알아야 합니다. 왜냐하면 충분한 고용과 경제 성장률을 달성할 수 없는 영속적인 경기 침체를 가져왔기 때문입니다. 자본주의 체제에서 잘 사는 방법은 두 가지밖에는 없습니다. 재벌의 자녀로 태어나 상속을 받거나 아니면 정치와 결탁해서 사기를 치는 길밖에 없습니다.

물론 자본주의만으로 안 되기 때문에 문제인 대통령이 사회주의적인 것을 가미하여 해결하려고 하지만 그것으로 안 됩니다. 결국 대기업도 깨지고, 중소기업도 깨지고, 시장경제도 깨지고, 우리도 깨집니다. 그러므로 우리는 대통령을 위해서 기도해야 합니다. 지금 북한에 나가고 있는 경제적 손실이 천문학적인 것을 알고 계십니까? 대통령이 미워도 그분을 위해 기도해야 우리가 삽니다.

지금 한국은 투자부진으로 인해 새해의 성장률을 얼마로 잡았는지 아십니까? 정부는 2.7%라고 하지만 한국개발연구원에서는 2.6%로 발표했습니다. 한국은 3%가 되어야 현상유지인데 매년 오르는 인플레 등을 감안 한 것입니다. 이것은 마이너스 성장이란 뜻입니다. 지금 IMF 때보다 더 어려워지고 있다고 합니다. 이것이 위기가 아닙니까?

그런데 더 큰 문제는 우리나라의 상속세가 65%라는 데 있습니다. 세계에서 가장 높습니다. 스위스나 스웨덴이나 호주 같은 나라는 하나도 없습니다. 왜 한국에만 이렇게 높은가요? 그것은 재벌들을 다 탈세와 정경유착으로 돈을 벌었다고 보기 때문입니다. 따지고 보면 정경유착의 죄는 대기업과 정부가 함께 저질러 놓고 재벌만 법적으로 다스리는 것입니다. 그래서 삼성 같은 기업은 상속세를 다 낼 경우 결국 한국에서 기업을 할 수 없어 미국과 인도와 베트남으로 갈 것이란 소문 이상의 근거가 있습니다. 삼성의 본사가 외국으로 이전하면 우리나라의 GDP의 20%(220조원)가 줄어듭니다.

게다가 최근에는 대기업은 협력사인 중소기업과 이익을 나누라고 정부가 개입하고 있습니다. 물론 대기업은 중소기업에게 이익을 분배해야 합니다. 그러나 그것을 권력으로 조정하면 우리나라의 시장경제가 무너집니다. 시간이 걸려도 설득을 해야지 권력으로 하면 더 큰 문제가 생깁니다. 그런데 지금 내년 예산을 9.7% 증가시키고 있는데 정말 큰일 났습니다. 저도 10%의 세금을 더 내야 하는데 어떻게 감당합니까?

제가 걱정하는 것은 지금 대기업의 대부분이 다 같은 문제를 안고 있고, 심지어 한국의 괜찮은 중소기업의 30%도 매물로 내놓고 있는 형편입니다. 물론 정부가 지금의 오너들을 다 버릇을 고치려는 계획을 가지고 있지만 결국 전문경영인으로 가겠다는 것인데, 그럴 경우 국민연금이 모든 권한을 차지하게 되는데 문제는 지금도 거기에는 노조가 힘을 가지고 있습니다. 그렇지 않아도 노조로 인해 사업하기가 힘드는데 대기업이 다 이렇게 넘어지면 한국은 다시 후진국이 되고 말 것입니다. 저는 지금 한국의 대기업들이 회개해야 한다는데 이의가 없지만 그것을 권력으로 해결하려고 한다면 결국 시장경제도 무너지고 자본주의도 무너집니다.

그런데 이해 못할 것은 지금 북한에 평화를 내세워 구걸하고 있는 점이 옛날 송나라가 돈으로 평화를 구걸하다가 금나라, 나중에 이름을 원나라라고 했는데 결국 송나라의 망하는 꼴을 닮을까봐 두렵습니다.

제가 이번에 「성서적으로 본 세계사」란 책을 썼습니다. 그래서 세계사를 조금 압니다.

미국에서는 90년대에 집 없는 사람들에게 금융기관을 통해서 모기지 제도로 싸게 돈을 빌려주어 많은 사람들이 집을 살 수 있도록 하고는 그 후에 은행들이 금리를 왕창 올려서 많은 사람들이 결국 집을 잃고 망했습니다. 지금은 매달 50만 명씩 일자리를 잃고 있습니다. 예언한 대로 자본주의는 국민들의 피를 빨아먹는 흡혈귀가 되고 만 것입니다. 그렇다고 사회주의로 돌아가면 살 수 있는가? 사회주의는 중앙에서 경제를 관리하기 때문에 결국 중국처럼 독재국가가 됩니다. 더 위험한 것입니다.

(5) 다섯 번째 위기는 한국이 지금 GMO(Genetically Modified Organism:유전자 변형 농산물)

세계 1위 수입국인데 그 중독으로 인해 자살률이 높아지고 각종 질병이 많아지고 불임으로 인해 인구가 급강하하기 시작하고 있기 때문에 백년 안에 대한민국이 지도에서 없어질지도 모른다는 경고가 나왔습니다.

2. 그 해결책은 무엇인가? 죄송하게도 없습니다.

있다면 페르시아 시대에 하만이 모든 유대인들을 다 죽이려고 했을 때처럼 하나님께 매어달리는 길밖에는 없습니다. 우리도 이제 남은 것은 에스더처럼 "죽으면 죽으리이다"(에4:16)하는 결사적인 자세로 하나님 앞에 매어달려 나라와 이 민족을 살려달라고 기도하는 길밖에는 없습니다. 하나님으로부터 해답을 받아야 합니다.

또 다른 예는 미스바의 회개운동(삼상7:7-12)을 해야 합니다. '미스바' 란 말은 '파수대'란 뜻입니다. 적의 실정을 보고 안에 있는 우리 백성들의 문제를 살피는 곳이란 뜻입니다. 성경에 보면(삼상7:9) "사무엘이 이

스라엘을 위하여 부르짖으매 여호와께서 응답하셨더라."고 했습니다. 그
것이 한 방법입니다.

감사하게도 우리에게는 모든 것을 해답해 주는 성경책이 있습니다.
그 안에 모든 해답이 기록되어 있습니다. 그러므로 오늘은 하나님께 함
께 부르짖읍시다. 왜냐하면 하나님께서는 '모든 문제의 해결자'이시기
때문에 어린애처럼 울고 부르짖으면 해결의 길이 열릴 줄 믿습니다. 에
스더처럼 부르짖으면 살 수 있습니다. 시 81:10절에 입을 크게 열면 산
다고 한 말씀을 믿습니다.

물론 자본주의만으로 안 되기 때문에 문제인 대통령이 사회주의적인
것을 가미하여 해결하려고 하지만 그것으로는 안 됩니다. 결국 대기업
도 깨지고, 중소기업도 깨지고, 시장경제도 깨지고, 우리도 깨집니다.
그러므로 우리는 대통령을 위해서 기도해야 합니다. 지금 북한에 나가
고 있는 경제적 손실이 천문학적인 것은 알고 계십니까? 대통령이 미워
도 그분을 위해 기도해야 우리가 삽니다.

잃어버린 것을 찾자

(잠8:35-36)

왜 우리는 잃어버렸는가? 우리가 버렸기 때문입니다. 왜 버렸는가? 귀한 줄 몰랐기 때문입니다. 아프리카의 소년이 다이아몬드와 초코릿을 바꾼 흑인 소년들처럼 말입니다.

현대인들이 잃어버린 것이 무엇인가요? 첫째는 자기 자신이고, 둘째는 가정이고, 셋째는 이웃이고, 넷째는 하나님입니다. 이것을 회복하려면 먼저 새 생명을 얻어야 합니다. 새 생명을 찾으면 자기 자신도 찾고, 가정도 찾고 이웃도 찾고 하나님도 찾게 됩니다. 오늘은 우리가 잃어버린 것 중에 가장 중요한 행복을 중심으로 '행복과 새 생명'이란 제목으로 함께 은혜를 나누려고 합니다.

행복과 새 생명의 관계를 요 10:10절의 하반절은 아주 간단하게 그리고 정확하게 말씀하고 있습니다.

"내가 온 것은 양으로 생명을 얻게 하고 더 풍성히 얻게 하려는 것이라."

1. 도입

인간은 모두가 행복을 추구합니다. 인간의 하는 모든 것이 다 행복을 얻기 위해서입니다. 그러나 행복보다 불행이 더 많은 것은 1) 행복이 무엇인지 모르기 때문이고, 2) 그것을 어떻게 얻는 것인지, 방법을 모르기 때문입니다.

2. 행복이란 무엇인가?

행복을 영어로 happiness라고 합니다. 그 말은 happening이란 말에서 유래했습니다. 우연히 온다는 뜻입니다. 그래서 옛날 사람들은 운명이란 여신은 눈이 멀었다고 믿었습니다.

한국 사람들은 복의 종류를 5가지로 보았습니다. 수, 부, 강, 녕, 유호덕(혹은 귀하게 하는 것), 고종명(혹은 자손이 많은 것)이라고 보았습니다.

이번에 하와이에 가보니 펠레란 여신이 진노할 때 화산이 터진다고 믿었다고 기록한 것을 보았습니다. 인간의 선악과는 전혀 관계가 없다는 것입니다. 또 오늘날의 많은 사람들은 행복은 많은 것을 소유하는데서 행복이 온다고 믿고 있습니다. 돈, 지식, 명예, 권력 등.

그러나 그것도 아닙니다. 왜냐하면 미국의 최고의 갑부인 휴즈나 노벨 문학상을 받은 헤밍웨이나 세계 모든 남자들의 선망의 대상이었던 최고의 미인 마릴린 먼로가 그것을 입증해 주기 때문이다.

행복은 언제 오는가?

마 5장에 보면 8복이 나오는데 그것은 우리가 말하는 그런 행복이 전혀 아닙니다. 간단히 말하면 '인간의 행복은 인간의 근본 문제를 해결할 때 부산물로 오는 것'입니다. 즉 죄와 죽음과 의미의 문제를 해결할 때 행복은 옵니다.

3. 행복의 비결

(1) 죄의 문제를 해결하면 행복이 온다.

죄는 하나님과의 관계를 끊어 놓았습니다. 죄책감을 느끼게 하고, 마지막에는 지옥의 형벌을 받게 하기 때문입니다.

도대체 죄란 무엇인가요? 헬라어로 Hamartia라고 합니다. 활을 쏠 때 명중시키지 못하고 넘어가거나 모자라는 것을 말합니다. 어떻게 죄의 문제를 해결했나요? 학교도 법도 경찰도 감옥 그 무엇으로도 해결하지 못했습니다.

첫째로 죄를 해결하는 방법은 예수님의 피밖에 없습니다. 찬송가 184장 "나의 죄를 씻기는 예수의 피밖에 없네. 다시 성케 하기도 예수의 피 밖에 없네."

　(예화) 청소철학(나의 변소청소) : 물과 비누와 피를 통해 깨끗이 씻을 수가 있습니다. 그러나 이 보혈을 나와 연결시켜주는 것은 '오직 믿음을 통해서'입니다. 찬송가 343장, 울어도 못하네, 힘써도 못하네, 참아도 못하네. 4절에 "믿으면 하겠네. 주예수만 믿어서 그 은혜를 힘입고 오직 주께 나가면 영원 삶을 얻네."

믿음이 무엇인가요? 꼭 붙잡는 것, 액면 그대로 받아들이는 것, 나의 모든 것을 그에게 내어맡기는 것입니다.

　예화 : 간하배 선교사의 경유 = 짐을 머리에 이고 가는 사람이 힘들어 보여서 그의 짚차에 태워주었더니 미안하다고 짐을 내려놓지 않고 그냥 머리에 이고 있는 여인처럼 말입니다.

중요한 것은 죄의 문제를 해결하면 참 자유를 얻습니다. 인간은 참 자유를 얻을 때 행복해집니다. 인류의 역사를 보면 자유를 찾기 위해 생명을 바쳐왔습니다. 그래서 페트릭 헨리는 "자유 아니면 죽음을 달라"고 한 것입니다.

요 8:32절에 "진리를 알지니 진리가 너희를 자유케 하리라." 무엇이 우리를 자유케 한다고요? 진리입니다. 그러면 진리가 무엇입니까? 요 14:6절에 "나는 곧 길이요 진리요 생명이니"라고 했습니다. 주님이 바로 진리입니다.

　(2) 죽음의 문제를 해결하여 새 생명을 얻어야 행복해진다.

찬송가 493장, 1절 "나 이제 주님의 새 생명 얻은 몸 옛것은 지나고 새 사람이로다. 그 생명 내 맘에 강같이 흐르고 그 사랑 내게서 해같이 빛난다."

어떻게 죽음의 문제를 해결하는가?

요 11:25-26절, "나는 부활이요 생명이니 나를 믿는 자는 죽어도 살겠고, 무릇 살아서 나를 믿는 자는 영원히 죽지 아니하리니 이것을 네가 믿느냐?" 요 14:6절, 내가 곧 길이요 진리요 생명이니 나로 말미암지 않고는 아버지께(행복)로 올 자가 없느니라."

(예화) 진시황제의 경우(만리장성을 쌓고, 아방궁을 짓고, 불로초를 찾았으나 장수는커녕 49세에 죽고 말았다). 진시황제는 모든 노력을 했으나 새 생명, 영생을 얻지 못하고 죽었습니다. 그래서 그는 불행한 사람이 되었습니다.

여기서 우리가 주목해야 할 것은 새 생명이란 단순히 구원을 받는 것이 아니란 점입니다. 요 10:10절에 보면 "인자의 온 것은 양으로 생명을 얻게 하고 더 풍성히 얻게 하려는 것이라"고 했습니다. 그것은 새 생명이란 '풍성한 삶'이란 뜻을 포함하고 있다는 뜻입니다. 이런 삶을 살아가기를 축원합니다.

(3) 의미의 문제를 해결해야 행복을 느낀다.

언제 의미를 느낍니까? 진리를 깨달을 때 옵니다. 진리는 바로 예수님이십니다.

(예화) 돈 많은 부자들이 좀 의미 있는 삶을 살기 위해서 돈을 씁니다. 현대를 창설한 정주영의 경우, 대통령이 되려고 모든 것을 all-in했습니다. 그러나 의미와 보람은 진리이신 예수 그리스도를 믿고 그의 뜻을 이 땅에 실천할 때만 옵니다.

4. 그러나 이것만으로는 안 됩니다.

3S로 변해야 합니다. 지금 시대를 3S(sport, screen, sex)의 시대라고 하는데 진정한 의미의 3S가 되어야 합니다. 첫째, 가진 것을 Sharing(나눔의 생활), 둘째 Serving(섬김의 생활), 셋째 Supplying(하나님의 축복의 도구가 되어) 보급해주는 일을 해야 합니다.

맺는 말

인간은 관계적 존재입니다. 위로는 하나님과의 관계를 바로 하고, 밑으로는 사람들과의 관계를 바로 할 때 행복이 옵니다. 그 비결이 바로 십계명입니다.

1) 바른 관계를 가진 사람에게 하나님께서는 새 생명을 주셨습니다.

2) 무엇이 새 생명인가요? 영생이란 말도도 표현하는데 첫째는 예수님이 새 생명이고, 둘째는 하나님의 통치를 받는 것이 새 생명이고, 셋째는 천국이 새 생명입니다. 이번 집회를 통해서 다시 새 생명을 소유하고, 천국 백성이 되어 참 행복한 성도가 되기를 축원합니다.

인생의 성공은 꿈꾸는 자의 것이다

(창37:5-11)

오늘 우리는 요셉의 삶을 통해 성공의 비결을 배우기를 바랍니다. 먼저 기억할 것은 꿈이 없는 자는 절대로 성공하지 못한다는 점입니다. 꿈이 있는 것과 없는 것은 영어 스펠링으로 보면 똑같습니다. 다만 띄어쓰기가 다를 뿐입니다.

Dream is now here. Dream is nowhere. 나는 여러분들 중에서 누가 성공하는지 누가 실패할 것인지 금방 알 수 있습니다. 꿈이 있는 자는 성공하고 꿈이 없는 자는 실패합니다. 그러나 모든 꿈이 다 성공하는 것이 아닙니다. 꿈 중에는 하나님이 기뻐하시는 선한 꿈도 있지만 에스더서에 나오는 하만처럼 악한 꿈도 있습니다. 하만은 모르드개를 달기 위해서 꿈꾸었던 그 나무에 자신이 달려 죽고 말았습니다. 하나님의 뜻을 거역하는 꿈의 결과입니다

그러나 선한 꿈을 꾼 사람들은 다 성공했습니다.

(1) 에드먼드 힐러리

1943년에 에베레스트 산 등정에 실패. 그때 그는 이렇게 말했습니다. "너는 더 이상 자라지도 못하지만 나는 더 자고, 힘과 능력도 생길 거야 그러니 할 수 있어." 10년 후 마침내 1953년 5월 29일에 에베레스트 산을 최초로 등정했습니다.

(2) 미국의 치즈 왕 크라프트

그는 마차에 치즈를 싣고 장사를 했습니다. 그러나 그는 매일 나가기 전에 반드시 지혜를 달라고 기도를 했습니다. 마침내 그는 치즈 왕이 된 것입니다. 그는 그 비결을 이렇게 말했습니다. "나는 하나님을 신뢰하고 지혜를 구했다. 그때 하나님께서는 지혜를 주셨고. 나는 그것을 실천했을 뿐이다."

(3) 와트

그는 물 주전자가 털렁거리는 것을 보고 증기기관차에 대한 꿈을 가졌습니다.

(4) 뉴턴

그는 사과나무에서 사과가 떨어지는 것을 보고 만유인력의 법칙에 대한 꿈을 가지고 그것을 이론화하였습니다.

(5) 라이트 형제

형제는 하늘을 나는 꿈을 통해 비행기를 만들었습니다.

(6) 언더우드

130여 년 전에 언더우드는 연희전문대학의 꿈을 가지고 오늘의 연세대학을 만든 것이고, 아펜젤러는 한국선교회와 배재학당을 세워 오늘의 감리교의 초석을 만들었습니다. 다 꿈을 먹고 살았던 인물들입니다.

(7) 디즈니

가난했던 디즈니는 하숙집에서 다니는 쥐를 주인공으로 미키 마우스를 의인화해서 부자가 되고, 마침내는 디즈니 월드라고 하는 아이들의 꿈의 나라를 만들었습니다.

2. 요셉이 성공한 이유

(1) 어려서부터 꿈이 있었습니다(창37:5-11).

두 번이나 거듭해서 형들은 요셉의 꿈이 실현되지 않도록 죽이려는 음모까지 세웠습니다. 그러나 르우벤과 유다의 마음을 움직여 그의 생명을 보존케 했습니다. 노예로 팔려가 보디발의 집에 있었을 때에도 억울하게 누명을 쓰고 감옥에 갇혀 있었으나 가장 어려운 시기를 통과하면서도 요셉은 죽지 않았습니다. 이처럼 하나님의 하시는 일에 주인공이 되는 경우 절대로 죽지 않고 실패하지 않습니다. 우리가 드라마를 보면 주인공은 드라마 끝까지 살아남습니다. 역사에서도 그렇습니다.

그러나 꿈이 없으면 흐르는 물 따라 떠내려가는 죽은 물고기처럼 됩니다. 그러나 아브라함, 요셉, 모세, 다윗, 바울은 다 꿈을 가지고 살았습니다. 성공했습니다. 물론 그들의 꿈은 하나님께 대한 절대적 신앙에서 나온 것입니다. 좁은 내 가슴을 내어드리고, 넓고 넓은 만왕의 왕이신 주님의 심장을 은혜로 덧입으며 살 때 그 꿈은 이루어질 것입니다.

(2) 누구에게나 낙심은 온다.

낙심은 꿈을 가진 사람에게도 옵니다. 인간이기 때문에. 그러나 이때 중요한 것은 '기도의 끈을 놓지 않는 일입니다.' 환란과 핍박과 어떤 역경에서도 기도의 끈만 놓지 않으면 살아남고 결국 성공합니다.

(3) 용기

꿈이 이루어지는 가장 중요한 원동력은 '용기에 있습니다.' 에스더가 히브리민족을 구원할 수 있었던 것은 '죽으면 죽으리라'라는 용기에서 나온 것이다. 그것은 죽음을 두려워하지 않는 데서 온 것입니다. 나는 환상 중에 '지옥과 천국'을 본 후에 죽음을 이기는 용기를 갖게 되었고, 내가 가진 모든 것을 다 내려놓게 되었습니다. 남보다 더 배웠고, 학자로서 더 많은 책을 썼고, 높은 직위도 다 가져 보았지만 깨달은 것은 결국 다 내려놓을 때 하나님께서 영광을 받으시고, 하나님께서 쓰신다는 점입니다.

우리는 이 시대를 위해 꿈을 가져야 합니다. 태평양시대에 하나님이 쓰실만한 그릇이 되어 복음을 전 세계에 수출하는 그런 꿈을 간직합시다. 기도의 끈을 가지면, 그리고 죽음을 초개와 같이 여기고, 모든 멍에를 내려놓고, 버리면 하나님께서 우리를 통해 영광을 받으십니다. 할렐루야. 아멘.

와 보라

(요1:46)

전도에 대한 오해는 첫째, 작은 교회를 선호하는 데서 생겨집니다. 일리가 있는 견해입니다. 현대의 사랑 없는 교회에 대한 불만에서 나올 수 있습니다. 둘째로 사탄의 무서운 유혹은 하나님 나라의 확장을 반대하는 일입니다.

그러므로 전도를 반대하거나 안 하는 것은 영적 병임을 알아야 합니다.

1. 전도란 무엇인가?

예수를 아는 사람이 모르는 사람에게 예수를 전하는 것을 말합니다. 나일스 박사는 전도란 한 거지가 다른 거지에게 어디에 가면 빵을 얻을 수 있는가를 말해주는 것이라고 정의했습니다.

(예화) 아프리카의 양떼들 : 수백, 수천이 함께 모여 삽니다. 두려움 때문입니다. 앞에 가는 한 마리가 뛰기 시작하면 다 뛰다가 한 마리가 낭떠러지에서 떨어지면 달아나던 모든 양들이 다 같이 떨어집니다.

지금 인류가 죽음을 향하여 달려가고 있습니다. 이들에게 stop하고 소리를 질러 이들을 구해야 합니다. 그것이 바로 전도입니다. 그런데 이런 멸망을 향해 달리는 인생을 구원하는 방법은 한 가지밖에 없습니다. 그것은 전도입니다. 하나님께서 은혜로 인생을 구원하시지만 그러나 우리가 전도를 하지 않으면 하나님께서도 구원사역을 하실 수 없습니다. 그래서 전도는 꼭 해야 하고 절대적으로 필요합니다.

2. 왜 전도해야 하는가?

(1) 그리스도의 사랑이 우리를 강권하기 때문입니다(고후5:14).

(2) 복음을 전하지 않으면 화가 미치기 때문입니다.(고전9:16).

(3) 그리스도의 명령이기 때문입니다(딤후4:2, 행1:8).

3. 복음을 전할 때 주시는 축복은 무엇인가?

천국에 가면 최고의 상급은 누구에게 돌아갑니까? 두말할 필요도 없이 순교자입니다. 다음은 누구일까요? 전도자들에게 돌아갑니다.

(1) 별과 같이 빛나게 된다

단 12:3절에 "많은 사람을 옳은 데로 돌아오게 한 자는 별과 같이 '영원토록 비취리라' '별과 같이 빛나게 된다'고 했습니다.

(2) 택하신 족속이요 왕 같은 제사장

벧전 2:9절에 "오직 너희는 택하신 족속이요 왕 같은 제사장들이요 거룩한 나라요, 그의 소유된 백성이니 이는 너희를 어두운 데서 불러내어 그의 기이한 빛에 들어가게 하신 자의 아름다운 덕을 선전하게 하려 하심이라." 왕 같은 제사장이 된다는 것입니다.

(3) 믿음이 강해짐

신앙심이 강하게 생기고(확신), 믿음이 더욱 깊어지고, 승리하는 삶을 살게 됩니다.

4. 어떻게 복음을 전할까?

오늘 본문에는 전도의 방법으로 한 가지를 추천하고 있습니다. '와 보라'의 전도 방법입니다. 가장 간단한 방법입니다 이 방법은 세 가지의 유익이 있습니다.

(1) 불신자들에게 호기심을 불러일으킵니다.

한국 사람들의 특징은 무관심입니다. 그러나 와 보라고 하면 호기심이 생깁니다.

(2) '와 보라'는 전도방법

'와 보라'는 전도방법은 주님과의 만남을 주선해 줍니다. 인간의 역사는 만남에서 비롯됩니다. 부모와의 만남을 통해서 이 세상에서의 신분이 결정되고, 선생님과의 만남을 통해서 학문의 색깔이 결정되고, 친구와의 만남을 통해서 동역자가 결정되고, 이성과의 만남을 통해서 일생의 동반자가 결정되고, 직업과의 만남을 통해서(미국에서는 공항에 마중나오는 사람에 따라) 일생의 할 일(직업)이 결정되고, 종교와의 만남을 통해서이생과 내세의 운명이 결정됩니다. 주님과의 만남은 그 사람의 행복과직결됩니다. 왜냐하면 죄의 문제가 해결되고, 구원문제가 해결되기 때문입니다.

(3) 구원으로의 초대장

'와 보라'의 전도방법은 구원으로의 초대장이 됩니다.

지금 신자의 숫자가 매년 4%씩 줄고 있습니다. 대구에서는 이 문제가 심각하다고 생각해서 3월에 저를 초대해서 대구동신교회를 빌려 연합집회가 있습니다. 외국의 대통령이 묵고 간 100평이 넘는 호텔방을예약해 놓고 기도를 하고 있습니다. 제가 뭡니까? 아무것도 아닌데 그래도 전도한다는 이유 하나만으로 국빈대우를 받게 되었습니다. 위해서기도해주시기를 바랍니다. 우리 교회에서도 전도운동에 모든 성도들이동참해주시기를 바랍니다.

오직 양 무리의 본이 되라

(벧전5:1-4)

교회를 바로 세우기 위해서는 많은 직분이 필요합니다. 마치 집을 세우기 위해서 많은 자재가 필요하듯이 교회도 그렇습니다. 그 중에서도 장로직은 바로 교회의 미래, 성격, 성공과 실패를 결정합니다. 물론 지금은 장로직의 성격이 많이 변화되고 있습니다. 기독교의 초기에는 목사와 장로의 구별이 없었습니다. 처음에는 둘 다 장로라고 불렀습니다. 그러다가 가르치는 장로와 치리하는 장로로 구별되었고, 보다 전문화의 필요성이 생기면서 오늘날의 목사직과 장로직이 생기게 된 것입니다. 그러므로 장로직은 성직입니다. 벼슬도 계급도 아닙니다. 그래서 유행하는 말은 '장로면 다 장로인가? 장로라야 장로지'. 이 말 속에는 4가지 유형의 장로가 있다는 말입니다. 첫째는 장로면 즉 이름만 장로인 장로, 유명론적인 장로가 있고, 둘째는 장로인가? 장로 같기도 하고 아닌 것 같기도 한 아리송한 장로가 있습니다. 술 먹고 담배 피우는 것 보면 장로가 아니고, 대표기도 하는 것 보면 장로인 사람이 있습니다. 셋째 장로라야, 어쩔 수 없이 장로 역할을 하는데 할 수 없어서 하는 의무적인 장로가 있습니다. 끝으로 장로라야, 참 장로, 장로다운 장로가 있습니다. 그러면 어떻게 하면 장로다운 장로가 될 수 있습니까? 서론적으로 말해서 장로다운 장로가 되려면 자신의 직분이 성직임을 믿고, 교회를 위해서 헌신할 뿐 아니라 그 시대의 흐름을 알고 하나님께서 쓰실 수 있도록 준비되어야 합니다.

1. 성경이 말하는 장로의 유형

구약에서 가장 장로다운 장로는 '아론과 훌'처럼 협력하는 자(출17:12)입니다. "아론과 훌이 하나는 이 편에서, 하나는 저 편에서, 모세의 손을 들어 올렸더니 그 손이 해가 지도록 내려오지 아니한지라." 목사를 협력하는 것이 가장 이상적인 장로상입니다.

2. 장로의 자격

장로의 자격(딤후 2:15)은 디모데 전서 3장과 디도서 2장에 자세히 나와 있습니다. 그 중에서 딤후 2;15절의 말씀을 드리려고 합니다.

(1) 말씀을 옳게 분변(이단 척결)하고

(2) 인정(성도와 이웃과 하나님으로부터의 인정이 필요)

(3) 하나님 앞에 드리기를 힘쓰라(계속적인 헌신). 처음 장로가 되었을 때의 마음이 죽는 날까지 계속되어야 합니다. "개구리 올챙이 적 생각 못한다"는 식으로 되어서는 안 됩니다.

3. 내가 원하는 이상적인 장로 상.

(1) 목회자의 비전을 이해하는 장로

목회자의 비전을 이해하고 협력하는 장로입니다. 목회자는 배운 것이 모자라 표현은 못할 수 있으나 누구나 다 나름대로 철학이 있습니다. 그것을 이루도록 장로들은 협력해야 합니다.

(2) 기도 많이 하는 장로

기도 많이 하는 장로입니다. 새벽에 늘 나와 기도하는 '새벽 형'의 사람입니다. 데살로니가 교회에 보내는 편지에 보면 "쉬지 말고 기도하라"고 했습니다. 성경에는 290번이나 기도하라는 말이 나오는데 왜 이렇게 기도하라는 말이 많습니까? 첫째로 하나님께서 주고 싶어서 그렇습니다. 둘째는 우리를 통해서 영광을 받으시려고 기도하라고 한 것입니다. 그런데 실제로는 우리가 받지 못하는 경우가 참 많습니다. 왜 못 받습니까? 첫째는 우리 그릇의 준비가 안 되었기 때문입니다. 둘째는 걱정스러워 못 주시는 것입니다.

(3) 시대 변화에 앞장서는 장로

시대의 변화에 앞장서는 장로가 되어야 합니다. 옛날에는 장로들은 금방 알아볼 수 있었습니다. 머리는 하얗고, 까만 옷을 다리지 않아서 무릎이 쑥 나오고, 와이셔츠가 후줄구레하면 틀림없이 장로였습니다. 그러나 오늘날에는 다릅니다. 이제는 변화에 민감해야 합니다. 그래서 장로님들이 유행을 먼저 따릅니다. 좋은 현상입니다. 장로들이 시대에 뒤떨어지면 절대로 그 교회는 시대를 따라갈 수 없습니다.

중생대에 지상을 휩쓸던 공룡이 지금은 왜 없어졌는지 아십니까? 공룡이 없어진 이유는 변화를 거부했기 때문입니다. 한보, 동아건설, 신동아, 대우 등이 망한 것도 변화를 거부했기 때문입니다. IMF 후에 가장 유행했던 말이 구조조정입니다. 불합리한 구조를 개조 내지는 축소시키는 것을 말합니다. 왜 38선, 45정, 56도, 625가 나오는가? 변화에 민감하지 못했기 때문입니다.

그러므로 Change is everybody's business여야 합니다. 그러나 '바보들은 항상 결심만 한다.' 즉 매일 결심만 하다가 맙니다.

(4) 칭찬을 통해 격려하는 장로

야단치는 것이 아니라 칭찬을 통해서 격려해주는 장로가 되어야 합니다. 켄 블랜차드의 「칭찬은 고래도 춤추게 한다」란 책이 있습니다. 범고래의 멋진 쇼는 먹이와 칭찬으로 이루어진 훈련 때문입니다. 히딩크가

2002년에 월드컵에서 4강에 이르게 만든 것은 칭찬의 방법을 사용했기 때문이었습니다. 바로 그것은 칭찬의 승리였습니다. 그 방법에는 전환이 있어야 합니다. 원하지 않는 방향으로 갈 때에는 고래의 관심을 다른 데로 유도하는 것을 말합니다. 에너지를 궁극적인 방향으로 전환시키는 방법입니다.

그 중의 하나가 '경호': fighting(부시 대통령이 2000년에 당선되었을 때에 그의 선거 캠프에서 외친 말)입니다. 이것은 침체된 조직에 뜨거운 열정을 불어넣는다. 장로는 교회의 리더이다. 리더의 역할은 다람쥐 정신(의미와 보람)과 비버의 방식(자발적 협동)과 기러기의 선물(공기의 저항을 적게 하려고 V자를 거꾸로 난다. 또 소리를 내는 것은 서로를 격려하고 응원하는 것이다)이 필요합니다.

3. 어떻게 변화될 수 있는가?

(1) 장로는 성경에 유식해야

모든 것은 성경의 연구에서 시작해야 한다. 지금 장로들 가운데 성경에 무식한 사람들이 너무 많습니다. 장로다운 장로가 되려면 아볼로처럼 성경에 박식해야 합니다. 그러려면 두 개의 눈이 필요합니다. 첫째로 망원경식으로 성경을 연구하고, 둘째는 현미경식으로 연구해야 합니다. 저는 평신도들의 성경 공부를 위해서 몇 권의 책을 썼습니다. 제일 먼저 「엠마오 성경연구」, 그 후에 국민일보에 「성경이 꿀맛이다」, 「구원사적 성경연구」, 「망원경식 성경연구」 국민일보에 실린 것을 출판한 「평신도를 위한 성경이야기」와 여러해 전에 국민일보에 실린 「교리도 재미있다」와 이번에 출판한 「평신도 신학」은 큰 도움이 될 것입니다

(2) 어린아이의 기도 같은 장로

기도해야 합니다. 어린 아이의 기도를 가장 기뻐하시는 하나님이십니

다. 그러므로 어린아이처럼 기도합니다. 요 14:14절, "내 이름으로 무엇이든지 내게 구하면 내가 시행하리라.. 렘 33:3절에 "너는 내게 부르 짖으라. 내가 네게 응답하겠고, 네가 알지 못하는 크고 비밀한 일을 네게 보이리라."

(3) 주님을 본받는 장로

신심 깊은 장로가 되어야 변화가 일어납니다. 성경에는 그 role model이 많은데 그들을 본받아 사는 것입니다. 예수님이 나와 같은 입장에 있다면 어떻게 했을까? 하고 매 경우마다 주님을 본받는 것입니다.

요즈음에는 건강을 체크하는 병원이 따로 있어서 저도 작년에 받은 적이 있습니다. '한국 건강 검진 센터'라고 하는 곳인데 혈액을 조사해서 당뇨를 알아내고, 엑스레이를 통해서 폐는 물론 내장을 검사하고, 다 알아냅니다.

그런데 신앙에도 건강 체크하듯이 알 수 있는 방법이 크게 세 가지가 있습니다. 첫째는 입술에 찬송이 있는가? 둘째는 마음에 감사가 있는가? 셋째는 가슴에 기쁨이 있는가? 우리 함께 찬양하겠습니다.

"찬양하라 내 영혼아 찬양하라 내 영혼아
내 속에 있는 것들아 다 찬양하라(감사하라, 기뻐하라)"

4. 하나님께서 내게 주신 네 가지 말씀

2004년 3월 17일 새벽에 저는 기도하다가 기도 중에 하나님께서 제게 주신 네 가지의 말씀을 여러분들에게 드리려고 합니다.

그 때 저는 '주여 오늘날 하나님이 기뻐하시는 장로들은 어떤 사람들입니까' 하는 제목으로 기도하고 있었습니다.

네 가지를 깨닫게 해주셨습니다.

(1) 거듭난 증거가 있는가?

거듭난 증거는 첫째 회개의 눈물이 있어야 합니다. 둘째 믿음의 역사가 일어나야 합니다. 셋째 기도의 응답이 있어야 합니다.

(2) 직분자로서의 사명감이 있는가?

먼저 나의 삶이 덤으로 사는 인생임을 자각해야 합니다. 둘째는 하나님의 손이 되어야 합니다. 셋째로 나의 왕국이 아니라 그리스도의 왕국을 세우는 일을 해야 합니다.

(3) 하나님께서 함께 하시는 증거가 있는가?

함께 하시는 증거는 첫째로 위로부터의 위로와 기쁨이 있어야 합니다. 둘째는 생활 속에 기적이 일어나야 합니다. 셋째로는 승리의 확신이 있어야 합니다. 넷째는 사랑하지 않고는 견디지 못하는 마음 즉 용서의 마음이 있어야 합니다.

(4) 사랑의 봉사가 있는가?

교인들의 숫자가 중요한 것이 아니라 봉사자의 숫자가 중요합니다. 골 3:23절에 "무슨 일을 하든지 마음을 다하여 주께 하듯 하고, 사람에게 하듯 하지 마라".

이제 결론을 맺으려고 합니다. 하나님께서 심판하실 때 장로들에게는 더 많은 것을 요구할 것입니다. 눅 12:48절에 "무릇 많이 받은 자에게는 많이 찾을 것이요"라고 했기 때문입니다. 그러므로 줄 것이 있는 장로들이 다 되시기를 축원합니다.

자유케 하리라

(요8:31-41)

자유란 말은 "남에게 구속되지 않고 무엇에 얽매이지 않고 자기 마음대로 행동하는 것"을 말합니다. 지금 과학의 발달로 인해 인간들은 각종 노동으로부터 해방시켜주고 있는 것이 사실입니다. 저의 어머님 때에는 여자들이 직접 목화를 심어 물레를 저어서 실을 뽑고, 베틀에 앉아서 옷감을 짜고 그 후에는 바느질로 옷을 지었습니다. 또 빨래를 추운 겨울에도 개울에 가서 했기 때문에 손이 꽁꽁 얼었습니다. 그러나 지금은 과학이 발달해서 옷감을 살 수도 있고, 돈만 주면 얼마든지 좋은 옷을 사서 입을 수가 있게 되었습니다. 세탁도 기계로 하기 때문에 여자들에게 많은 시간적 여유를 주는 시대가 되었습니다. 또 정치적 사회적 자유도 많이 신장된 것이 사실입니다. 이처럼 자유는 바로 인간의 행복과 직접적으로 연결이 됩니다. 오늘은 주님께서 '자유케 하리라'고 하신 말씀을 중심으로 자유의 비결을 함께 살펴보도록 하겠습니다.

1. 인류의 역사는 자유를 위한 투쟁이었다.

우리가 지금 누리는 자유는 그냥 주어진 것이 아닙니다. 이 자유를 얻기까지는 수많은 사람들의 피의 지불이 있었습니다. 1945년 해방 이전까지만 해도 우리는 자유를 누리지 못했습니다. 일제 치하에서 우리말도 사용 못하고, 쌀농사를 지어도 다 공출로 바쳐야 하는 그런 자유 상실의 시대가 불과 70여 년 전이었습니다. 지금도 북한에서는 자유란 개념도 없습니다. 그러므로 지금 우리가 누리는 이 자유도 그냥 주어진 것이 아니라 오랫동안 투쟁하여 얻은 것입니다. 정치적 자유는 물론 경제적 자유도 전에는 없었습니다.

자유에는 크게 ① 신체의 자유 ② 거주와 이전의 자유 ③ 종교의 자유 ④ 사고와 표현의 자유 ⑤ 집회와 결사의 자유 등 수많은 것이 있습니다.

인간이 자유를 그처럼 갈구하는 것은 자유 없이는 참 행복이 없기 때문입니다. 그러나 지금 지구상에는 아직도 자유롭지 못한 사람들이 반이 넘습니다. 민주주의의 핵심 국가인 미국과 영국도 노예해방을 선포한 것이 지금부터 150여 년밖에 안 됩니다.

그러나 인간에게 있어서 가장 중요한 자유인 심령의 자유는 오직 20%의 사람들만이 지금 겨우 누리고 있습니다.

2. 자유를 구속하는 것은 무엇인가?

(1) 자연이 우리를 구속합니다

과학이 발달하기 전에 인간은 자연 안에는 신성이 있다고 해서 수많은 신들을 섬겼습니다. 그러나 과학의 발달로 자연은 자연일 뿐 그 이상이 아니란 것을 깨닫게 되었습니다. 물론 현대인들 가운데에도 아직도 유물론이나 범신론에 빠져 있는 사람들이 있습니다.

(2) 정치가 우리를 구속합니다.

우리나라만 해도 조선조 때에는 '왕이 바로 국가'라고 했고, 온 백성은 다 왕의 종이었습니다. 지금도 공산주의나 독재주의나 인류를 구속하는 수많은 정치체제가 아직도 남아 있습니다.

(3) 경제가 우리를 구속하기도 합니다.

사람이 가난해지면 돈에 팔리기도 하고, 돈에 무릎을 꿇는 경우가 많습니다. 빚을 못 갚으면 딸을 팔기도 했습니다. 사채는 법적 규정이 없어서 별의별 경제적 구속이 많이 있었습니다. 그러므로 인간이 가난에서 벗어나지 못하면 경제적 자유를 누릴 수 없는 것입니다.

(4) 죄가 인간을 구속합니다.

34절에 보면 "진실로, 진실로 너희에게 이르노니 죄를 범하는 자마다 죄의 종이라"고 했습니다. 아무리 과학이 발달하고, 정치, 사회가 발전해도 인간이 해결 못하는 것은 죄로 인한 구속입니다. 왜냐하면 사탄은 죄를 짓게 해서 우리들을 죄의 종으로 만들기 때문입니다. 지금도 이 전술을 마피아의 세계나 간첩 세계에서 많이 사용하고 있습니다.

3. 참 자유란 무엇인가?

율법과 죄와 죽음에 얽매이지 않는 것이 참 자유입니다. 로마서를 보면 바울은 이 세 가지로부터의 자유를 '구원'이라고 표현했습니다. 그것을 요한복음에서는 영생이라고 말합니다. 혹은 생명이라고도 합니다. 중요한 것은 이 참 자유는 세상의 누구도 우리들에게 줄 수 없습니다. 오직 참 진리가 되신 예수님만이 주십니다. 그러므로 인간의 참 행복은 참 자유를 얻는 데서 옵니다. 바라기는 우리 모두가 이 참 자유를 얻어 참 행복을 누리시기를 축원합니다.

4. 참 자유를 얻는 비결은 무엇인가?

본문을 보면 참 자유를 얻는 4가지 비결을 말씀하고 있습니다. 그러므로 바라기는 우리 모두가 이 참 자유를 얻을 수 있기를 축원합니다.

(1) 예수님의 말씀에 거해야 참 자유를 누립니다(31절).

"너희가 내 말에 거하면"이라고 말했습니다. 하나님의 말씀은 모든 속박에서 벗어나게 하는 능력을 가지고 있습니다. 율법에도 자유롭게 하고, 죄에서도 자유롭게 하고, 죽음에서도 자유롭게 해줍니다. 그러므로 우리는 반드시 주님의 말씀, 하나님의 말씀 안에 거해야 합니다. 하나님의 말씀은 여러 가지의 역사를 합니다. 위로도 주고, 기쁨도 주고, 더 중요한 것은 심령이 죽은 자를 다시 살리기도 합니다. 그러므로 하나님의 말씀에 거하면 참 자유함을 받을 수가 있습니다.

(2) 예수님의 '참 제자'가 되어야 자유를 얻습니다(31절).

"너희가 내 말에 거하면 참 내 제자가 되고" 인간은 어딘가 소속되도록 되어 있습니다. 그런데 예수님에게 소속되면 그의 제자가 되고, 우리를 묶고 있는 모든 것에서 해방을 받게 됩니다. 인 간은 세가지 중 하나에 속해 있습니다. 첫째는 주님께 속한 자가 있습니다. 성도들은 다 주님께 속한 자들입니다. 둘째는 사탄에게 속한 자가 있습니다. 사탄에게 속하면 666이라고 이마와 오른 손에 기록합니다. 셋째는 아무데도 속하지 않은 사람들이 있습니다. 외형적으로 보면 자유인처럼 보입니다. 그러나 그 경우 사탄의 유혹에 끌려 결국 사탄에게 소속되게 됩니다. 그러므로 우리는 아무도 우리에게 손을 대지 못하도록 주님께 속한 자들이 되어야 합니다. 주님의 제자들이 되어야 합니다.

(3) 진리를 깨달아야 참 자유를 얻습니다(32절).

"진리를 알지니 진리가 너희를 자유케 하리라" 인류의 역사를 보면 처음에는 과학의 지식이 부족해서 자연을 섬겼고, 또 무지로 인해서 왕을 신의 현현이라고 해서 왕을 섬겼습니다. 지금은 영적 지식이 없어서 또는 영의 세계에 대해서 무지함으로 인해서 우상을 섬기고, 사탄의 종노릇을 하는 경우가 많습니다. 그러므로 우리는 진리를 깨달아야 합니다. 무지는 인간을 속박되게 만듭니다. 여기서 벗어나는 비결은 진리를 깨닫는 것밖에는 없습니다.

무엇이 진리입니까? 요 18:38절에 보면 빌라도는 예수님을 심문하는 가운데 "진리가 무엇이냐?"는 아주 중요한 질문을 했습니다. 그러나 불행하게도 그는 예수님의 대답을 기다리지 않았습니다. 바로 그것이 문제입니다. 사람들은 진리에 대해 호기심은 있으나 참으로 알기를 원치 않습니다. 과연 무엇이 진리입니까? 갈 2:5절과 14절에 보면 복음이 진리라고 했고, 유명한 요 14:6절에서는 예수님 자신이 진리라고 했습니다. "나는 길이요 진리요 생명이니 나로 말미암지 않고는 아버지께로 올 자가 없느니라" 문제는 진리를 모르는 것입니다. 롬 1:18절에 보면 하나님의 진노가 진리를 막는 사람들에게 임한다고 했습니다. 진리를 모르면 자기도 모르게 진리를 막게 되어 있습니다. 그러므로 우리는 참 진리인 복음을 알아야 하고, 진리 자체이신 예수님을 알아야 합니다.

(4) 예수님께서 자유케 해주셔야 참 자유자가 됩니다(36절).

"그러므로 아들(그리스도)이 너희를 자유케 하면 참으로 자유하리라." 왜냐하면 참 구원자이시기 때문입니다. 예수님은 이 땅에 오셔서 떡으로부터 자유롭게 해주셨고, 질병을 치유하심으로 병으로부터 자유케 해주셨습니다. 또 그는 율법에 억눌려 있던 사람들을 위해서 율법을 완성하심으로 율법으로부터 자유케 하였습니다. 또 십자가 위에서 우리의 모든 죄를 대신해서 심판을 받으심으로 '죽으심으로부터' 참 자유를 주었습니다. 또 부활하심으로 우리들에게 영생을 누리게 했습니다. 그가 승천하심으로 우리들도 천국에 올라갈 것을 증명해주었습니다. 그러므로 우리가 말씀에 거하는 것이나 예수님의 제자가 되는 것은 다 예수님만이 우리를 참 자유케 하실 수 있는 분이기 때문입니다. 그래서 갈 5:1절에 보면 "그리스도께서 우리로 자유케 하려고 자유를 주셨으니"라고 했습니다.

맺는 말

옛 사람들에 비해 지금 우리는 많은 자유함이 있습니다. 그러나 아직도 영적인 자유, 율법과 죄와 죽음으로부터의 자유는 한참 멀었습니다. 이 자유는 오직 예수님을 통해서만 얻을 수 있습니다. 그러므로 자유는 아직도 '완성되지 않은 과업'입니다. 바라기는 우리가 다 예수님의 제자가 되어 진리를 깨닫고, 그를 통해서 참 자유함을 얻을 수 있기를 축원합니다. 오직 예수님만이 우리를 자유케 해주시는 것을 믿으시기 바랍니다.

모세의 실패에서 배우자

(출2:11-22)

위대한 모세도 실패를 했다는 점을 우리는 기억해야 합니다. 우리는 때때로 나 혼자만 실패자라고 생각하지 마시기를 바랍니다. 그러면 모세의 실패를 통하여 우리가 배워야 할 점이 무엇인지 알아보겠습니다.

　1) 왜 모세는 실패했는가?

　2) 모세는 어떻게 그 실패를 성공으로 만들었는가?

1. 왜 모세는 실패했는가?

(1) 감정의 노예가 되었기 때문입니다.

모세는 민족애가 있었으나 그것은 감정적 민족주의였습니다. 다시 말해서 그것이 어떤 결과를 가져올 것이라는 깊은 생각을 하지 않고, 모세는 그의 느낌대로 행하였기 때문에 결국 애굽인을 죽이는 살인자가 되고 만 것입니다.

인간에게는 누구에게나 지·정·의가 있습니다. 정을 따라 살면 우리는 큰일을 못합니다. 지를 중심으로 살면 결국 역사의 참여자가 아닌 방관자가 되기 쉽습니다. 그러므로 지정의의 전인격 안에서 생각하고 결정해야 합니다.

(2) 무엇을 보느냐가 대단히 중요

하나님은 보지 않고, 주변의 사람들만 보았기 때문이다. 이처럼 우리가 무엇을 보느냐는 대단히 중요합니다. 주변만 보면 결국 인본주의가 되고 맙니다. 그러나 우리 성도들은 신본주의자들이 되어야 하는데 그러려면 항상 위를 보고 하나님 눈치 보며 살아야지, 사람 눈치 보고 살면 안 됩니다. 왜냐하면 우리는 주님의 손 안에 있는 존재들이기 때문이다.

(3) 기도하지 않을 때 실패

아담이 실패한 것도 기도하지 않았기 때문이고, 엘리 제사장이 실패한 것도 기도하지 않았기 때문이고, 이스라엘 백성들이 아이 성에서 실패한 것도 기도하지 않았기 때문이고, 예수님의 제자들이 주님을 배신하게 된 것도 기도하지 않았기 때문입니다. 그러므로 기도하지 않으면 확실한 것은 항상 실패한다는 점을 잊지 않기를 바랍니다.

2. 모세는 어떻게 그의 실패를 성공으로 만들어냈는가?

한 마디로 말해서 '실패를 역동적 에너지로 승화시켰기' 때문입니다. 사실 실패는 과정이기 때문에 별것이 아닙니다. 오히려 가장 위대한 선생입니다. 문제는 거기서 상심하고, 또 배우지 않고, 포기하거나 다시 도전하지 않기 때문에 큰 문제가 됩니다.

(1) 실패한 모세의 변화

모세는 그가 실패했을 때, 그 '심리적 부작용을 극소화'할 수 있었습니다. 그는 먼저 실패의 현장을 피하는 방법을 취했고 나중에 후회 없이, 인생의 밑바닥에까지 내려갔습니다. 여기서 그는 승리의 보증수표인 겸손의 사람이 되었습니다.

실패는 그 자체보다 심리적 영향이 더 무섭습니다. 마음의 상처가 너무도 크기 때문입니다. 심지어 어떤 사람들은 자살까지 합니다. 언제 어디서나 위대한 성공을 거둔 자들은 다 실패의 과정을 통과한 사람들입니다.

(2) 실패를 결론으로 생각지 않는 자세

모세는 그의 실패를 결론으로 생각지 않고 다만 과정으로 받아들였다. 그래서 그의 실패는 역동적 에너지로 승화된 것입니다.

(예화) 레이커스(LA의 농구팀)의 필 잭슨 감독의 승리의 비결은 하프타임의 사용과 삼각전법의 개발에 있습니다.

(3) 이미 된 것은 있는 그대로 받아들였다

이미 이루어진 것은 time machine이 없는 한 어쩔 수 없는 것입니다. 그것을 슬퍼하고 후회하는 것은 시간의 낭비일 뿐입니다. 그러나 우리는 한탄하고, 후회하고, 이랬을 걸, 저랬을 걸 하고 괴로워합니다.

(예화) 골프에서 가장 어려운 것은 보기(bogy)를 했을 때의 자책감이라고 합니다. 그것을 잊어야 합니다. 그렇습니다. 이미 일어난 것은 돌이킬 수 없는 것이기 때문에 그냥 잊어야 합니다.

(4) 모세는 실패를 연결시키는 연결고리를 끊었다.

지진이 있은 후에는 여진이 있고, 파도가 있은 후에는 또 다른 파도가 밀려옵니다. 그것이 더 위험하다고 합니다. 실패가 문제가 되는 것은 그 꼬리가 길다는 데 있습니다. 그 연결고리는 또 다른 실패를 가지고 오기 때문입니다

어떻게 그 연결고리를 끊을 수 있습니까? 오직 회개의 기도와 더욱 주님을 의지하는 믿음뿐 다른 길은 없습니다.

(5) 하나님을 만나면 승리자가 된다

결론적으로 모세는 하나님을 만남으로써 실패자에서 위대한 승리자가 되었습니다. 인간에게 가장 중요한 것은 만남입니다. 바른 만남을 통해서 행복해지고, 성공하게 되고, 승리자가 됩니다. 우리가 하나님을

만난 것을 감사하고 기뻐해야 합니다.

요 15:16절. "너희가 나를 택한 것이 아니요 내가 너희를 택하여 세웠나니."

그러므로 우리는 반드시 승리자가 될 것을 믿기 바랍니다. 사람들의 평가나 나의 판단이 중요한 것이 아니고, 하나님의 결론이 중요한 것입니다. 하나님의 심판이 중요하다는 말씀입니다. 그러므로 하나님이 우리를 택하여 세웠으니 그가 함께 하실 것이고, 그가 인도하실 것이고, 그가 축복하여 우리는 반드시 승리하게 될 것입니다. 그것을 믿으십시오. 그것을 확신하십시오. 모든 것은 믿는 대로 됩니다. 아멘.

핵심 스마트 설교(4)

값진 진주를 얻으려면

2022년 1월 05일 1판 1쇄 인쇄
2022년 1월 10일 1판 1쇄 발행
저　자 신성종
발행자 심혁창
마케팅 정기영
교　열 송재덕
디자인 박성덕
인　쇄 김영배
펴낸곳 도서출판 한글

우편 04116

서울특별시 마포구 신촌로 270(아현동)

수창빌딩 903호

☎ 02-363-0301 / FAX 362-8635
E-mail : simsazang@daum.net
창　　업 1980. 2. 20.
이전신고 제2018-000182

* 파본은 교환해 드립니다
* 정가 20,000원
*

ISBN 97889-7073-599-3-93230